中部大学ブックシリーズ「Ａｃｔａ」34

# 尾張伝説散歩

目次

目次

# はじめに

私が伝承文芸に興味をもつようになったきっかけは、大学二年生の時に生活指導教官に誘われて参加した読書会であった。テキストが石田英一郎氏の『桃太郎の母』だと聞き、何も知らない私は児童文学と勘違いして参加したのだが、ありふれた昔話の背後に潜む母性像の源流を原始大母神と子神まで遡る内容に学問のダイナミズムを感じ、読書会には授業よりも熱心に参加した。その後、テキストは柳田国男氏の著作となり、『桃太郎の誕生』、『妹の力』、『口承文芸史考』などを通して民俗学の口承文芸の世界に足を踏み入れることになった。三年生の時は、先輩のお供で昔話研究懇話会（現日本昔話学会）に行き、堂々と発表する先輩の姿に憧れると同時に、大島建彦先生、小澤俊夫先生を始め、昔話研究の錚々たる方々と同席できたことに感激した。そのころ、ゼミではウラジミール・プロップの『民話の形態学』（大木伸一訳、白馬書房、一九七二年）を講読し、研究方法を学んだ。そのような経験が積み重なった結果、歴史の表舞台に立つことのない人々の伝承に関心を持つようになり、現在も伝承文芸の研究を続けている。

口承文芸の採訪は、今から四〇年近く前に愛知県額田郡額田町宮崎村（現岡崎市）でおこなったのが最初である。現地のつてを頼って話し好きなお年寄りを紹介していただき、一軒一軒訪問して話をうかがった。どこの家でも見ず知らずの女子学生をもてなし、はるか遠い昔に祖父母から聞いた話や、今でも孫たちに語っている話などを聞かせてくださり、その成果は、『西三河の昔話』（三弥井書店、一九八一年）に収められている。その後、『名古屋市守山区志段味地区民俗調査報告書』、『長久手町史』、『新修名古屋市史』、『愛知県史』などの口承文芸を担当したが、世間一般では口承文芸の分類名称が曖昧なため、採訪時にこちらの意図が相手に伝えづらいことがあった。例えば、「桃太郎」のような話は、人によっては昔話、民話、おとぎ話などといい、「昔話を聞かせてほしい」とお願いすれば、伝説、史話、経験談となることもあった。

本書では、「伝説」と「昔話」を取りあげるので、その区別を説明しておきたい。昔話が虚構性に趣向を凝らして語られてきたのに対し、伝説は、特定の時、場所、人物などに関する伝承であり、信憑性を重視するという特性をもつ。そのため、事実認定の証拠を用意したり、歴史上の出来事に関係づけたりするなど、真実性を強調するさまざまな方法がとられる。伝説の目的は、事物などの由来を説くことであるから、それを果たすことができれば、内容の伸縮は自在であり、叙述に特定の様式というものはない。その伝承を支えてきたのは、何よりも伝説を真実として信じる人々の心持ちであるが、実のところ、叙述の内容によっては伝説と昔話との判別は難しく、昔話が自然の事物などの由来、歴史上の人物の誕生などを説くことも少なくない。どちらも本来は口頭で伝承されるものであるため、一つの土地にとどまらないで別の土地にも伝えられ、その過程で少しずつ変化することがある。また一つの土地での伝承でも時代の相を反映して変化を生じることがある。その伝承が文献に記録されると、一旦は伝承が固定化してしまうが、個人の創作作品とは違い、伝承性の強い記録の場合はその読み手が口頭で伝承することも、また文字によって書き伝えていくこともあり、伝承はさらに変化し続けることになる。昔話の伝説化もそのような過程における変化であり、昔話が各地に伝播《でんぱ》し、ある土地に根づいて具体的な時代や人名などが付加されると、伝説として分類される。有名な伝説になると、数多くの文献に採録されるが、同じ事物に関する伝説であっても、文献によって地名や登場人物の属性について相違が生じることがある。

このようなことを踏まえ、本書では、尾張地方の伝説六話を取りあげ、その文化的、宗教的背景の一片を紹介する。それぞれ固有の伝説のようでありながら、決して孤立したものではなく、時間と空間を超えて伝承されてきたことを明らかにすることができたら幸いである。

なお、各話で引用した参考資料の原文については、読みやすくするためにすべての旧字体を新字体に改め、一部にルビを付してある。

# 福わらと福むしろ

北名古屋市の旧師勝町に大みそかと正月にまつわる昔話が伝えられている。『師勝の民話』における本文の内容は次のとおりである。

## 大歳の客

昔、大みそかの夕暮れに貧しい身なりをした一人の旅僧がこの村にやってきて、一夜の宿をさがしていた。しかし、村人たちの家では、明日の正月の準備をすることに大忙しだったので、旅僧にかまっている暇がなく、泊めようとする人は誰もいなかった。旅僧は、それでも村の家々に宿を頼みまわり、最後にいかにも貧しい家に立ち寄った。すると、その家の人たちは、気持ちよく旅僧を泊めてくれたが、貧しい家のため、冷えきった土座の隅しか場所がなかった。家の人は気の毒がり、少しでも暖かいようにと、土座にわらを敷き、むしろをつって、精いっぱいのもてなしをした。旅僧はたいへん喜び、その一夜は、わらとむしろで寒さをしのぐことができ、眠りについた。

さて、明けてお正月の朝、家の人がさぞかし昨夜は寒かったことだろうと思って土座を見ると、旅僧の姿は、どこにも見えなかった。家の人は、驚いてあちこちさがしたが、どうしても見つからなかったので、朝早く旅に出たものと思い、土座に敷いたわらを片づけはじめると、わらの中に、何やら大きな包みが入っていた。いったい何だろうと思ってほどいてみると、包みの中には、まばゆいばかりの金や銀の宝物が、いっぱい入っていた。家の人は旅僧がくれたと思い、姿の見えない僧によくお礼を述べた。この宝物のおかげで、貧しい家は一度に大金持ちになり、その家の人たちは、たいへん幸せに暮らしたそうだ。

それからは、この村の人たちは、大みそかになると土座にわらを敷き、むしろをつって、正月を迎えるようになった。「福わらと福むしろ」といって、縁起を担ぐようになったという。

この話の「土座」とは「土間」のことである。本来は屋内において床を張らずに地面のままのところをいう。通路や作業場、物置など多目的に使用され、また履き物の脱ぎ履きに不可欠な場所となっている。日常的な空間であるが、旧師勝町では、正月を迎える準備として、大みそかにここにわらを敷き、むしろをつるすしきたりがあり、右の話はその由来を説く伝説的様相を呈しているが、大みそかの訪問者によって財宝を得るというものは、「大歳《おおどし》の客」という昔話のタイプに分類される。大歳とは一年の境目、すなわち大みそかから元旦にわたる時間のことをいう。

正月にまつわる諺に「門松は冥途の旅の一里塚」というものがある。これに「めでたくもありめでたくもなし」という歌の形にして一休禅師の作と伝えるが、その真偽は不明である。諺の意味は、めでたい門松も、それを立てるたびに年齢を重ねるから、次第に死に近づくことになり、めでたくないということである。現在は一般的に満年齢が用いられているが、この諺が表すように、かつては新年を迎えるごとに一歳年を取る数え年であった。したがって、正月は社会的な時間と個人的な年齢を更新する重要な時であり、大歳はその境界となる。

大歳にまつわる諺としては「大歳の晩早く寝ると顔へしわが寄る」というものがある。古くは日没時を一日の境とし、大歳の夜は既に正月と考えられていた。そのため、徹夜して正月を迎える風習があったので、諺で大歳の早寝を戒めたのであろう。

正月の準備も時代とともに様変わりしてきたが、今でも門松やしめ飾りがある。本来、正月は年神《としがみ》をまつる行事であるため、それぞれの家が祭場となり、門松、しめ飾りはその表象となる。門松については、年神の依り代(1)とする見方もあるが、人の肌に突き刺す針状の葉は、節分の柊《ひいらぎ》と同様に、魔除けの呪物としての機能が考えられる。年神は、歳徳神《としとくじん》(2)、正月様などともいい、先祖の霊とも考えられている。貧しい老夫婦のもとに旅僧が財宝をもたらしたという話は、このような年神の信仰を背景に伝承されてきたのであろう。

## 死骸の黄金化

「大歳の客」というタイプの昔話について、『日本昔話事典』は次のような四パターンに類別している。

(1)　大歳の夜に貧しい家に乞食が来て宿を乞う。にわの隅にむしろを敷いて泊める。翌朝見るとむしろの上に金がある。それからは大歳の夜に歳徳神をまつるようになる。

(2)　宿を乞う座頭を泊めると、座頭は居眠りして炉の火に転げこんで死ぬ。死体をござに包んでおくと翌朝銭になっている。隣の人が座頭をむりに泊め、火に突き転がすなどまねをするが、座頭はうじ虫になる。

(3)　大みそかに年宿のない年寄の座頭を爺婆が泊め、塩魚を出して年を取らせる。喉がかわいた座頭が水を飲みに行き井戸に落ちる。爺婆は座頭と「上がるがや」「身上がや」と掛け合いながら引き上げ、着替えをさせて寝させる。翌朝座頭は小判になっている。隣の爺婆がまねをすが失敗する。

(4)　雪の降る日に次郎べえに宿を拒まれた盲目の旅芸人を太郎べえが泊めて粥《かゆ》を食べさせる。夜中に旅

芸人が便所に落ちたのできれいにして寝かせると、翌朝小判になっている。次郎べえがまねをする
が芸人は死ぬ。

このタイプの昔話の特徴は、大歳の訪問客を歓待した者が客の死骸の黄金化によって富を得る点にある。大歳に死を語ることは忌むべきであろうが、このような死骸による富の獲得という伝承の成立には、金屋子《かなやご》神《がみ》(3)を信仰する鋳物師のような人々が関係していると考えられる。この神は女が嫌いで、血の穢《けが》れ、産の穢れを忌むが、死の穢れは全く忌むことがないのである。「福わらと福むしろ」には直接的な「死」のイメージはなく、旅僧のいるべき場所にあった金銀の入った包みを旅僧の置き土産かのように表現しているが、本来は死骸黄金化の話だったのかもしれない。『師勝の民話』には「もらうものなら日の暮れの葬式でもよい」という伝承話も収められており、季節がいつなのかは不明であるが、その内容はまさに死骸黄金化の話である。新たな時の更新となる大歳の話から「死」のイメージを払拭した「福わらと福むしろ」が伝承されている一方で、死骸による富の獲得の話も伝承されているのは興味深い。その内容は次のとおりである。

昔、熊之庄村にたいそう信仰の厚い男の人が住んでいた。この男の人は、一日の仕事が終わると、いつも仏様にお参りしていた。このお参りは、雨の日であろうと雪の日であろうと、一日たりとも欠かしたことがなかった。

ある日のこと、男は一日の仕事を終えてお参りに出かけ、仏様の前でろうそくに火をともそうとしたところ、火打ち石を忘れてきたことに気がついた。どうしたものかと考えていると、日がとっぷり暮れた夜道を、提灯《ちょうちん》をともした行列がやってくるのに気づいた。行列を待っていると、それは葬式の行列だった。男が火を貸してほしいと頼むと、行列の先頭を歩いていた人が、棺桶《かんおけ》ごと全部もらって

くれるなら火をあげてもいいと答えた。これには、男も一瞬驚いたようだったが、仏様に早く火をあげたい一心で、棺桶ごと全部もらうことになった。行列は、何もなかったかのように動き出し、次第に暗い夜道の中へと消え入った。

男は仏様に火を供え、お参りを終えると、気の毒にいったいどのような人が亡くなったのかと思い、恐る恐る棺桶をのぞき込んでみた。すると、不思議なことに、棺桶の中にはまばゆいばかりに黄金色に光るお金がびっしり入っていた。男は、これには腰をぬかさんばかりに驚いた。そして、これはきっと仏様が授けてくださったのだと思い、それからもいっそう仏様に感謝し、幸せな一生を過ごしたという。

この話は、大歳の日の出来事ではないが、火をもらう代わりに棺桶を預かるモチーフによって「大歳の火」というタイプの昔話に分類される。仏教の信者であることが幸いして望外の富を得たとしているのは、その伝承に仏教者の関与があったからであろう。「福わらと福むしろ」でも旅僧が富をもたらしたとし、仏教の布教に一役買うような内容になっている。しかし、「福わらと福むしろ」の場合、この話から仏教的要素を取り除くと、旅人を厚遇することによって幸を得るという、古代からの来訪者歓待の思想が底流していると考えられる。

## 来訪者歓待説話

来訪者歓待説話の最古の資料は、『常陸国風土記《ひたちのくにふどき》』筑波郡冒頭の説話である。その概要は次のとおりである。

昔、神祖《みおや》の尊《みこと》が、多くの神々のところを巡行し、駿河《するが》の国の富士山に着いたときには日暮れになったので、富士の神に今夜の宿を頼んだ。すると、富士の神に「新穀の祭りで物忌をしているので、泊めることはできない」と断わられたため、神祖の尊は恨み泣き、富士の神を罵って、「お前の親なのにどうして泊めようと思わないのか。お前が住んでいる山は、生きている限り、冬も夏も雪が降り、霜が降って、寒さが次々と襲い、人々が登らなくなるので、飲食物を供える者はいなくなるであろう」と呪った。

さらに、神祖の尊は筑波山に登り、ここでも一夜の宿を頼んだ。筑波の神が答えて言うには、「今夜は新穀の祭りをしているけれども、あえて尊の気持ちに逆らうことはしない」と言い、飲食物を用意して恭しく拝み、慎んで仕えた。そこで、神祖の尊は喜び、筑波の神に歌を詠んだ。

愛《は》しきかも我《あ》が胤《すえ》　巍《たか》きかも神《かむ》つ宮《みや》　天地《あめつち》の並斉《むた》　日月《ひつき》と共同《とも》に　人民《たみくさ》集《つど》ひ賀《ほ》ぎ　飲食《おしもの》富豊《ゆたか》に
代々《よよ》に絶ゆる無く　日に日に弥《いや》栄え　千《ち》秋万歳《あきよろずよ》に遊楽《たのしみ》窮《きわま》らじ
（いとしく思う我が子孫　高くそびえ立つ神の宮　天地・日月が永遠であるように　人民はこの神の山に登り集まって賀し　飲食物は豊かに　一族はいつまでも絶えず　日ごとにますます栄え　千年万年も遊楽は尽きないであろう）

こうして、富士山には常に雪が降って登ることができないが、筑波山には、人々が集まって歌い舞い、飲食することが今に至るまで絶えない。

筑波山麓の人々にとってはるか西方に望まれる富士山は、地元の筑波山とは全く対照的なものとして見えたのであろう。短い期間であるが、富士山は雪のない夏の姿を見せることがある。しかし、雪があるからこそ遠方からでもその形が認めやすい。筑波の人々に見えるときは雪姿の富士だったため、原文では「常に雪《ゆきふ》りて登臨《のぼ》ること得ず」という表現になっている。

旅する神祖の尊を富士の神は冷遇して悪い報いを受けるが、筑波の神は歓待して繁栄を約束される。これと同じ構造をもつのは、蘇民将来の説話である。古い文献資料としては、鎌倉時代中期に著された『釈日本紀』巻七所引の『備後国風土記《びんごのこくふどき》』逸文(4)で、疫病《えのくま》の国《くに》つ社《やしろ》(5)の縁起となっているが、次に記すように腰に着けていれば疫病から免れるという茅《ち》の輪の由来も説いている。

昔、北の海にいた武塔《むた》の神が、南の海にいる神の娘のもとへ求婚に行かれたところ、日が暮れてしまった。その場所に蘇民将来と呼ばれる二人がいた。兄の蘇民将来はたいへん貧しいが、弟の将来は裕福で、家と倉と合わせて百もあるほどであった。武塔の神は弟に宿を借りようとしたが、弟は物惜しみをして貸さなかった。一方、兄の蘇民将来は宿を貸し、粟柄《あわ》で編んだ円座を用意し、粟飯などで歓待した。

さて、武塔の神が出立して何年も経過した後、武塔の神は八柱の御子を率いての帰途に兄の蘇民将来のところに立ち寄り、「私は蘇民将来のために礼をしようと思う。おまえの子や孫は家にいるのか」と尋ねるので、蘇民将来は「私には娘と妻がいる」と申した。そこで武塔の神は「茅で輪を作り、その茅の輪を腰の辺りに着けさせるとよい」とおっしゃった。そのとおりに着けさせると、その夜に蘇民の娘を除いて、皆を殺し滅ぼしてしまった。そして、「私は速須佐雄《はやすさの》の神である。後の世に悪い流行病があったなら、蘇民将来の子孫だと言い、茅の輪を腰に着けている人は、病気から免れるであろう」とおっしゃった。

現在、各地の神社で六月の夏越《なごし》の祓《はらい》の際に行われる茅の輪くぐり神事はこの説話に基づいている。速須佐雄の神は、『古事記』『日本書紀』では八岐大蛇《やまたのおろち》を退治する英雄神であり、出雲系神話の重要な神であるが、『備後国風土記』逸文では牛頭天王《ごずてんのう》(6)と結びついた災厄除去の神として登場している。

神祖の尊と、速須佐雄の神もしくは牛頭天王とは神格が異なるが、説話の中では同じ機能を果たす。いずれも巡行する存在としてあり、言い換えれば、異界からの訪問神といえる。折口信夫氏は、このような存在を説明するために「まれびと」という言葉を用いた。「此まれびとの属性が次第に向上しては、天上の至上神を生み出す事になり、従つてまれびとの国を高天原に考へる様になつたのだと思ふ。而も一方まれびとの内容が分岐して、海からし、高天原からする者でなくても、地上に属する神たちをも含める様になつて、来り臨むまれびとの数は殖え、度数は頻繁になつた様である」と述べている。

来訪神の信仰において、来訪神の多くは人々による仮面仮装した異形の姿で現れる。よく知られる秋田県のナマハゲは、小正月の夜に鬼面に蓑笠《みのかさ》、わら靴、手に木の刃物をもった姿で家々を訪問し、子供や女性たちを威嚇したのち酒食のもてなしをうける。

この信仰が仏教に入ると、来訪神は仏教者に変わり、伝説や昔話として広く伝承されるようになった。「あと隠しの雪」をはじめ数々の弘法伝説では、弘法大師が行脚僧として訪れた村で貧しいながらも親切にしてくれた者に恩恵を与えたことを伝えている。「あと隠しの雪」は大師講の由来譚で、弘法大師が旅僧として貧しい老婆に一夜の宿を求めると、老婆が隣家から稲一把または大根一本を盗んで献じたので、大師は雪を降らせ、老婆の足跡を隠したという。大師講は旧暦一一月二三日の晩に家々を訪れる大師に、小豆粥や団子を供える行事で、東北、北陸、中部や山陰地方など広域に伝承されている。その時期的なことから、背景に新穀を祝う新嘗祭《にいなめさい》的な農耕儀礼が考えられる。

弘法大師という名称は、空海の死後、生前の行いを尊んで贈られた名であり、空海は歴史上の人物である。その空海が弘法伝説の地をくまなく巡行したとは考えづらい。おそらく弘法大師を宗祖と仰ぐ密教系の僧侶、さらに民間布教僧たちが、伝説を広め歩いたのであろう。「福わらと福むしろ」には弘法大師の名はないが、この伝承にも、そのような僧の存在が関係していると考えられる。

注
(1) 神霊が出現するときの媒体となるもの。
(2) 一年の福徳を司る神。その方角に向かってことを行えば万事大吉で、いかなる凶神も犯すことができないとされる。
(3) 鍛治屋、鋳物師、たたら師などが信仰する鉄の神、火の神。女神で、製鉄を伝えたという。その神を祭る神社は中国地方に多い。
(4) 他の書物などに一部が引用されているだけで、完全な形で伝わっていない文章。
(5) 広島県福山市東深津町の王子山丘陵にある王子神社（式内須佐能袁能神社）。
(6) 京都祇園社（八坂神社）や尾張津島大社などの祭神。もと祇園精舎の守護神といわれ、薬師如来、さらに速須佐雄の神の姿で現れる。

参考資料
折口信夫「古代生活の研究」、『折口信夫全集　第二巻』中央公論社　一九六五年。
稲田浩二他編『日本昔話事典』弘文堂、一九七七年。
師勝町民話編集委員会編『師勝の民話』師勝町教育委員会、一九八〇年。
植垣節也校注『風土記』小学館、一九九七年。

# 久太《きゅうた》稲荷《いなり》

## 鹿島《かのしま》稲荷社の由来

名古屋市南区星崎二丁目に、蟹江氏の遠祖久太夫が創建したという稲荷社がある。その社について、『昔と今のかさでら』に収められた話の内容は次のとおりである。

昔、星崎に蟹江久太夫という人がいた。ある日、妻がはしごを上っていく途中、下にいた子供がその尻に尾を見つけた。彼女は狐であることを告白し、子供に尾を見つけられたからには家にいられないと久太夫に言った。彼は、田植で忙しくなるから去られては困ると言ったが、狐は今晩中に自分が植えると言って家を出ていってしまった。翌朝に久太夫が田を見にいくと、苗がすっかり植えられていた。その年、この家の田だけ稲の花が咲かずに穂が実った。彼は狐のおかげだと思って屋敷の中に狐をまつったが、後に田の中に社を作った。村人はこの社を久太稲荷と呼んでいる。子供の夜泣きが治る

鹿島稲荷社

ともいう。

この話を収める『昔と今のかさでら』は、笠寺小学校創立五〇周年を記念して発行されたもので、本文は小学生向きに平易な表現で記されている。稲の花が咲かずに穂が実ったことを狐のおかげだとする意味が理解しづらいが、石川丹八郎氏による鹿島稲荷社の由来伝説ではその意味がよくわかる。

昔、南野（現星崎）の蟹江久太郎が鳴海での用事を済ませ、夜に鹿島を通ると、道傍に立つ女性に招かれた。二人は夫婦となり、男子が生まれた。四、五才のころ、子供は母親が天井の物置場へ薪を取りにはしごを上っていくのを見上げ、その尻に狐の尾があると言った。彼女は、帰宅した夫に子供に狐と知られては恥ずかしい言い、去っていった。久太郎は子供を連れて農作業をし、田植の前日に苗打ちをしておいたが、翌朝に田を見ると、苗は狐によって全部植えてあった。以後、南野では翌日の用意に苗打ちをすることはしなくなった。その年は、稲穂が出なかったので無年貢となったが、稲を刈ると中に穂が含まれており、豊年作の三倍もあったので、久太郎は一躍資産家となった。久太郎の田の稲がそのようになったのは、毎晩狐が田を見守って尽くしたからだという。その狐をまつるのが鹿島稲荷である。

稲の花が咲かずに穂が実ったことを狐のおかげだとするのは、豊作にもかかわらず、年貢率を決める役人が視察に来たときに稲の花が咲かず、収穫が見込めないとして年貢が免除されたからである。『昔と今のかさでら』の伝説とは主人公の男性の名が相違するが、『南区の歴史』をはじめ『愛知県神社名鑑』、『南区の神社を巡る』でも、この神社の創建者を蟹江久太夫とする。石川氏の伝説に「久太郎」とあるのは、口承の過程での変化によるのであろう。『愛知県神社名鑑』は、鹿島稲荷社の由緒を次のように記している。

> 社伝に当村の蟹江久太夫が勧請創祀する。文久三癸亥年（一八六三）十月二九日、蟹江久太管理するも明治五年七月布告により、据置を許可せらる。鹿の島稲荷社ともいわれるのは呼続堤の未だなき頃は星崎浦、鳴海潟一帯となりその中に鹿の島一島ありこの島に社ありし故なりという[1]。

右の本文にある「蟹江久太」は、久太夫の子孫であろう。『南区の神社を巡る』によれば、久太夫が創建した稲荷社は蟹江家が社守となっていたが、ある事情により村の持神社になったという。その後、文久三年に寺社奉行の許可を受けて蟹江家のものとなったが、明治五年（一八七二）に再び当地の氏子のものになったという。

## 狐女房

狐が女に化けて人間の男と結婚するという伝承話は、昔話の「狐女房」というタイプに分類される。その最も古い資料は、平安初期の仏教説話集『日本霊異記《にほんりょういき》』上巻第二話「狐を妻《め》として子を生ましめし縁」である。舞台となるのは美濃国《みののくに》大野郡で、妻とすべき女性を求めて旅をしている男が、広野で出会った女性と結婚し、男の子が生まれるが、妻は飼い犬に吠えられて「野干《やかん》」の正体を現してしまう。野干とは、中国の伝説上の悪獣の名であるが、日本では狐のことをいう。妻の正体を知った夫はそれでも未練があり、「おまえと私とは子供まである仲だから、私はおまえのことを忘れたりはしない。いつでも私のところに来て、一緒に寝よう」と言葉をかけた。妻がその言葉に従って来て寝たため、「来《き》つ寝《ね》」から「きつね」と称するようになったという。現代に伝わる昔話では、狐女房が去り際に「恋しくば訪ねきてみよ和泉《いずみ》なる信太《しのだ》の森のうらみ葛の葉」またはこれに類似した歌を書き残していくが、『日本霊異記』の説話では歌を詠むのは夫となっており、二人の間に生まれた男児は「岐都禰《きつね》」と名づけられ、姓《かばね》を「狐の直《あたい》」といい、力が強く、鳥が飛ぶように走るのが速かったとされている。このように、この説話は美濃国の狐の直の始祖伝説であり、狐を母とする始祖の異常誕生は、超人的能力のよりどころとなっている。

　後世になると、「狐女房」の伝承は安倍晴明《あべのせいめい》の出生説話に翻案される。安倍晴明は、平安時代中期に実在した著名な陰陽家であり、土御門《つちみかど》家の祖とされる人物である。延喜二一年（九二一）に生まれ、天文道を賀茂忠行・保憲父子に学び、天文博士、主計権助《かずえのごんのすけ》、大膳大夫《だいぜんだいぶ》、左京権大夫を歴任した。亡くなったのは寛弘二年（一〇〇五）九月二六日とされ、当時としては非常に長命であった。天皇をはじめ諸家の陰陽道諸祭や占いに従事し、名声がきわめて高かったため、『今昔物語集』『大鏡』『宇治拾遺物語』などにその超能力を発揮する説話が伝えられている。その能力ゆえに彼の出自も神秘的に潤色され、『臥雲日件録抜尤《がうんにっけんろくばつゆう》』応仁元年（一四六七）一〇月二七日条には、父母がいなく、化生《けしょう》の者と記されている。近世になると、その出自は芸能の題材ともなり、安倍晴明は安倍保名《やすな》が和泉国信太の森の狐の化身と契って生まれたことになる。この種の説話が説経節「信太妻」、仮名草子『安倍晴明物語』（浅井了意作）によって流布されると、浄瑠璃に脚色され、歌舞伎にも劇化された。竹田出雲作の浄瑠璃「蘆屋道満大内鑑《あしやどうまんおおうちかがみ》」はその集大成作品といえるもので、享保一九年（一七三四）に竹本座で初演された。

　現代でも、人間の男性が狐の化身と結婚する昔話が全国各地から報告されている。『日本昔話大成』によれば、青森から鹿児島までほぼ全国的に分布しており、一〇〇話近くの報告例がある。昔話は本来口承が主流であるが、時には文学作品や演劇などの影響を受けることもある。「狐女房」の昔話でも、保名、晴明、葛の葉を登場人物とする報告例が少なくない。

## 狐と稲荷信仰

鹿島稲荷社の由来伝説において、狐が田植を手伝ったことと、出穂せずに穂が実ったとするのは、狐を稲荷神の使いとみなす信仰を背景に形成されたことを示すが、稲荷信仰と狐はどのようにして結びついたのであろうか。

稲荷信仰とは、京都市伏見稲荷大社にまつられる稲荷神（宇迦之御魂神《うかのみたまのかみ》）の信仰のことである。この神は帰化豪族である秦氏と特別の関係をもち、『延喜式神名帳頭注《えんぎしきじんみょうちょうとうちゅう》』「稲荷」条を典拠とする『山城国風土記《やましろのくにふどき》』逸文には次のように記されている。

風土記云。称㆓伊奈利㆒者。秦中家忌寸等遠祖伊侶具秦公。積㆓稲梁㆒有㆓富裕㆒。乃用㆑餅為㆑的者。化㆓白鳥㆒飛翔居㆓山峯㆒生㆑子。遂為㆑社。(2)

秦中家忌寸《はたのなかつやのいみき》らの祖先である秦伊侶具《はたのいろぐ》が餅を的にして弓で矢を射ると、餅は白い鳥となって山へ飛び去り、舞い降りた場所で子を生むと、そこを社にしたという。ただし、江戸時代後期の国学者、伴信友は引用文の「生子」の二字を「伊禰奈利生」の五字に改め、稲が生えたとしている。

稲荷神社の祭神である宇迦之御魂神は、『古事記』上巻によれば、速須佐之男命《はやすさのおのみこと》が神大市比売《かむおおいちひめ》を娶《めと》って生まれた御子であり、食物の霊力を象徴する神である。この神が狐を使いとする理由には諸説ある。例えば、宇迦之御魂神の一名である御饌津神《みけつかみ》の「けつ」の部分が狐の古い名称である「けつ」と同音であることから三狐神《みけつかみ》の字を充てたことに基づくという説や、狐に対する民間信仰によって稲荷信仰と狐とが結びついたという説がある。日本における田の神は、春には山から下りて稲の成熟を見守り、秋の収穫が終わると再び山に帰るというが、餌を求めたり、子を育てたりするために人里に出没する狐の習性が、まさに田の神祭りの時期と一致するため、農民にとって狐は農業神とも考えられていたようである。それには、狐の豊かな房毛の尾が稲穂を連想させ、豊穣の象徴とみなされることも関係がありそうである。また、日本における稲作の起源伝説には、狐が稲を盗んで人間にもたらしたという穀物盗みモチーフもある。このような狐と稲作との密接な関係から、狐を稲荷神の使いとするようになったのであろう。

## 新田開発

鹿島稲荷社の場所は、江戸時代は星崎庄南野村といい、『尾張徇行記《おわりじゅんこうき》』には「高四九三石三斗四升、田畠三一町六畝一二歩、内田一八町六反五畝二三歩、畑一二町四反一九歩、慶長元子年縄入」と記されている。縄入を慶長元子年としているが、慶長元年（一五九六）は申年であるから、子年の慶安元年（一六四八）の可能性がある。『尾張徇行記』には「昔時ハ船持共モアリシヨシ」、「平田船十九艘四ツ乗八艘御役ハ大通リノ時万場渡船津島祭礼車船出ス其外御用船併水主出ストモミヘタリ」と記されているが、「今ハ只藻採船ノミアリ其内当村ニハ入江アリテ近郷ノ御年貢米ヲ初常々ハ諸荷物鳴海酒荷ナト此湊ヨリ出船スル也」とあり、鳴海の酒の荷や近くの村の年貢の積み出し港となっていたことがわかる。また、「塩浜二十二町五畝歩」「塩屋二十七軒」とあり、製塩業が営まれていたが、享和二年（一八〇二）には「今ハ南野村ニ塩浜ナシ」とあり、「農業ノミヲ以テ生産トス」とあるように、村全体が大きく変化した。

星崎が製塩地であったことは、『尾張名所図会《おわりめいしょずえ》』に描かれた星崎の風景からもうかがわれるが、尾張藩は新田開発を積極的に進め、星崎も干拓による農地化が盛んに行われた。その結果、『尾張徇行記』に記された石高になったわけである。南野村の新田としては、村の東に八左衛門新田がある。これは、福井八左衛門と天満屋九兵衛の開発によるもので、開発は寛文一二年（一六七二）・宝永二年（一七〇五）・享保元年（一七一六）などの説がある。その周辺には、宝暦七年（一七五七）に福井八左衛門によって開発された操出新田、文化三年（一八〇六）に菱屋太兵衛が開築した大江新田、宝永三年（一七〇六）に山口源兵衛が開墾した源兵衛新田、寛政七年（一七九五）に八左衛門新田と源兵衛新田の間にあった堤防を開発してできた丹後江新田などがあり、星崎の海岸線は次第に西方に遠のいていった。

鹿島稲荷社は、海上の島の名に由来するようであるが、島は海岸線の後退に伴って地続きとなり、新田の一部になったのかもしれない。中世から近世にかけて商工業が盛んになると、稲荷神の信仰は拡大され、商業神、屋敷神ともなった。しかし、鹿島稲荷社の伝説において、狐が田植を手伝ったことと、出穂せずに穂が実ったことには、農業神としての狐信仰が反映されており、鹿島稲荷社は農民の信仰を集めていたと考えられる。その創建は、南野村の主産業が製塩業から農業へと移りはじめたころ、すなわち江戸時代中期以降と推測される。

## 狐の田植

米作りは肉体労働ばかりでなく、自然災害や害虫などへの対策もしなければならない。しかし、苦労を重ねて収穫しても、すべてが自分たちのものになるわけではなく、年貢米として領主への供出が義務づけられていた。鹿島稲荷社の伝説は、年貢に抵抗する農民の思いが込められているともいえようが、狐による年貢免除のモチーフは、この伝説の創意とは限らない。『日本昔話大成』には、狐女房が田植をしてくれたおかげで年貢を免れた、豊かな収穫が得られたという事例が、愛媛県、広島県、島根県、愛知県、長野県、石川県、埼玉県、福島県から報告されている。『愛知県伝説集』に収められている愛知県豊川市西原町の事例の内容は次のとおりである。

三河一宮の西原から城戸に行く途中の小高い丘に成信という男が住んでいた。ある夜、美女が妻にしてくれと訪ねて来たので、成信はこれを聞き入れて妻とした。やがて男児が生まれ、森目と名づけ、かわいがっていたが、ある年、病気になってしまったので、夫婦はつききりで看病した。五月になり、成信は自分の田が荒地のようになっているので、ひそかに心配していた。しかし、ある朝ふと見ると、誰かによって田植が完了していたが、苗が逆さまに植えてある。驚いて妻に告げようと家に入ると、寝ている妻の夜具に中から狐の尾が見えた。目を開いた妻は、狐である自分の本性を見破られたと知り、さらに夫から苗が逆さまに植えてあると聞くと、子供を抱いて田に行き、

「世の中よかれ、わが子に食わしょ、検見を逃がしょ、苞穂《つとほ》で実れ」

と三回言うと、逆さまの苗はたちまち正しく立ち、見ているうちに茎と葉が伸びて繁った。妻は夫に子供のことを頼み、空を差し招くと、黒雲と一陣の風で暗黒になり、傍に茂る葛の若葉を巻き立てて狐は消えてしまった。それから葛の葉はいつも裏を見せるようになった。

その年の秋、成信の田だけは穂が出ず、検見の役人も見過ごしたため、年貢米を出さなくてもよくなったが、穂は苞の中で熟して豊作だったという。

鹿島稲荷社の伝説と比較すると、細部に相違点があるものの、狐の霊力への信仰に基づく伝承話であることに違いはない。鹿島稲荷社の伝説の成立に類話がどのように関わっているかを判断することは難しいが、影響関係が全くなく、偶発的に類似した内容になったとは考えづらい。星崎庄が東海道の熱田宿と鳴海宿の

間に位置し、鳴海の酒荷や近隣の村の年貢の積み出し港となっていたこと、またそこで生産された塩が飯田街道などを経て美濃や信州へも運ばれたことを考慮すると、当地は陸運・海運の要所でもあったと推測される。鹿島稲荷社の伝説は、このような土地柄を背景とし、他地方からもたらされた稲荷信仰や狐女房の話が新田開発と相まって当地に定着して語られるようになったものであろう。

干拓によって開発された新田は、臨海低平地ゆえに自然災害を受けやすい。宝永四年（一七〇七）に起きた富士山の噴火により、鳴海伝馬新田の堤防が津波で損壊したという。また、昭和三四年（一九五九）の伊勢湾台風では甚大な被害を受け、復旧活動は長期にわたった。しかし、かつて農村景観を呈していた新田も、現在では住宅や会社、工場が混在する地域へと変わった。鹿島稲荷社の周囲も、自動車関連の会社、化学工場などが建ち並ぶ。農業は衰退したが、それでも鹿島稲荷社は廃れることなく、地域住民の信仰を集めている。名古屋市南区役所の史跡散策路「星崎の里めぐり」のコースにも入っており、名古屋市のホームページには伝説が紹介されている。鹿島稲荷社の伝説は、今後もこのような形で語り継がれていくのであろう。

注

（1）愛知県神社庁編『愛知県神社名鑑』（愛知県神社庁、一九九二年）九〇頁。

（2）植垣節也校注『風土記』（小学館、一九九七年）五七〇頁。

参考資料

愛知県教育会編『愛知県伝説集』郷土研究社、一九三七年。

『昔と今のかさでら』名古屋市笠寺小学校P・T・A、一九五九年。

東京大学史料編纂所編『大日本古記録　臥雲日件録抜尤』岩波書店、一九六一年。

大林太良『稲作の神話』弘文堂、一九七三年。

関敬吾『日本昔話大成　第二巻』角川書店、一九七八年。

卜部兼倶『延喜式人名帳頭注』「稲荷」条、塙保己一編『群書類従』第二輯、平凡社、一九七九年。

石川丹八郎『郷土史』石川来民造、一九八三年。

三渡俊一郎『南区の歴史』愛知県郷土資料刊行会、一九八六年。

愛知県神社庁編『愛知県神社名鑑』愛知県神社庁、一九九二年。

植垣節也校注『風土記』小学館、一九九七年。

『尾張名所図会　前編』臨川書店、一九九八年。

『南区の神社を巡る』南歴遊会、二〇一一年。


国史大辞典編集委員会編『国史大辞典　第一巻』吉川弘文館、一九七九年。

『愛知県の地名』平凡社、一九八一年。

乾克己他編『日本伝奇伝説大事典』角川書店、一九八六年。

山折哲雄編『稲荷信仰事典』戎光祥出版、一九九九年。

『尾張徇行記　第三巻』愛知芸術文化センター愛知県図書館「貴重和本デジタルライブラリー」、筆者翻刻。

# 犬御堂《いぬみどう》

## 蛇に噛《か》みつく忠犬

名古屋市の代表的な繁華街の一つに大須商店街がある。現在は、さまざまな施設や店舗が集まっており、幅広い年齢層に人気のある商店街となっているが、その歴史は古く、慶長一五年（一六一〇）の名古屋開府による名古屋城築城および城下町の整備に始まる。慶長一七年には、美濃国中島郡長岡庄大須郷（現在の岐阜県羽島市桑原町大須）にあった真福寺寶生院（大須観音）が徳川家康の命により現在地に移転されるなど、名古屋城築城に合わせて現在の大須及び周辺に多数の寺社が集められた。こうした寺社への参詣者などを相手にした商店・宿屋・芝居小屋も多数開かれ、門前町として発展したのである。

この大須の地に、かつて真福寺の末寺として法浄寺華光院（真言宗）があったが、この寺は一般には犬御堂の名で知られており、犬にまつわる由緒が伝えられている。『愛知県伝説集』に収められている犬御堂の伝説によれば、その由緒には三つの説があるようである。それは次のとおりである。

(1) 寿永（一一八二～一一八四）のころに高野山の無関上人が諸国を行脚してこの地に来たが、身心が疲労して今にも息が絶えようとした。そのときに黒白の二犬が現れ、草葉に水を浸して上人の口に注ぐと、上人はたちまち蘇生した。

(2) 寛文（一六六一～一六七三）のころに尾張公が飼い犬を引率して遊猟された折、公が疲労のあまり木陰で休んでいると、犬がしきりに公の衣を引くので、従者は犬が公を害するものと思って刀を抜いて斬った。すると、犬の頭が飛んで梢《こずえ》にかかっている蛇を食い殺した。そこで公は犬を殺したことを悔い、これを老翁に尋ねると、弘法大師の遺跡であると答えたので、公は喜んで寺院を造営した。

(3) 日本武尊《やまとたけるのみこと》が東征のとき、道に迷ったが、黒白の二犬が現れて誘導したので、後にこれをまつって犬の社とした。犬御堂はその社の名残だという。

同一の寺院に趣向の異なる由緒が伝えられているのはなぜであろうか。(1)の由緒のほうが、真言宗の寺院にふさわしく思われるが、人間の過ちで落命した忠義な犬の供養をするという(2)の由緒も興味深く感じられる。どちらが本来かは判断できないが、後者は各地に類話があることから、その伝承、伝播《でんぱ》の過程において犬御堂という名称にちなんだ話として根づいたとも考えられる。また、日本武尊にちなんだ神仏習合の伝説となっている(3)は、犬御堂が熱田神宮に近いことが関係していると推測される。

斬られた犬の頭が蛇を噛み殺すという点では、愛知県岡崎市の糟目犬頭神社《かすめけんとうじんじゃ》の由緒とも共通する。『愛知県伝説集』に「宇都宮泰藤の忠犬」と題して収められている由緒の概要は次のとおりである。

昔、上和田城主宇都宮泰藤が神社付近で鷹《たか》狩りをしたときに大杉の下で休息し、ごろ寝を始めた。そのとき、樹上にいた大蛇が首を垂れ、泰藤をのもうとした。泰藤の白犬がしきりに吠《ほ》えて主の危急を知らせたので、泰藤は目を覚ましたが、変わった様子もなかったので、再び眠り始めた。これを見た犬がまた激しく吠えたてると、眠りを妨げられた泰藤は大いに怒り、刀で犬の首を打ち落としてしまった。すると、犬の頭はたちまち樹上の大蛇の首に飛びつき噛み殺した。初めて事の次第を知った泰藤は犬の義心に深く感じ、犬頭霊神としてまつったという。

この伝説に登場する宇都宮泰藤は、歴史上の人物である。鎌倉・南北朝時代の武将で、建武二年（一三三五）脇屋義助に属し、京都山崎で足利尊氏と戦い敗れた。翌年、新田義貞に従って越前に逃れ、足利方の高師泰らと戦うが、再び敗れてしまい、後に出家した。通称は美濃将監という。

嘉永年間（一八四八〜一八五五）に成立した『三河国名所図会《みかわのくにめいしょずえ》』によれば、泰藤の犬が蛇を噛み殺したという事件は文和二年（一三五三）の出来事とされる。これに類する話が、神社の由緒として正徳二年（一七一二）成立の『和漢三才図会』巻六九と寛保三年（一七四三）成立の『諸国里人談』巻一にも所収されており、斬られた犬頭が蛇を噛み殺すというモチーフに変わりはないが、犬の主人として登場するのは、宇津左衛門五郎忠茂（一四七六〜一五四七）である。宇都宮氏は泰藤の孫である泰道の代に姓を宇津に改めており、更に数代後に大久保と改めた。忠茂はその大久保氏の初代であり、泰藤の子孫であるから、一族に同一の事件が二度生じたことになるが、これは伝承過程における登場人物の変化と考えるべきであろう。ただし、忠茂の伝説の場合、彼の死後の天正年間（一五七三〜一五九二）の事件とされており、話の整合性に欠ける。

なお、社伝によれば、糟目犬頭神社の境内にある大和田島弁財天社は新田義貞の首塚であるともいう。宇都宮泰藤が義貞の首を京より奪ってきて当社に葬ったが、この事実を世間に知られないように首塚を犬塚とし、犬頭伝説を流布させたという説もある。義貞の首塚の所在地については京都市右京区の滝口寺、神奈川県小田原市酒匂の新田社、群馬県桐生市新里町の善昌寺など諸説あり、定かではない。当社における首塚伝説には、非業の死を遂げて怨霊となった者をまつることで悪霊の侵入を防ぐという信仰がうかがわれ、また南朝方との関係深さを喧伝する目的があったかもしれないが、この首塚伝説は、本来は犬頭伝説と別系統の伝承ととらえるべきである。

## 猟師と犬

斬られた犬の頭が蛇を噛み殺すというモチーフは、義犬伝説としては珍しいものではなく、類話は全国各地に分布する。糟目犬頭神社の伝説と同様に、城主とその犬の話とするのは千葉県流山市の犬塚伝説である。『日本伝説名彙』では、『東葛飾郡誌』を出典として次のように伝説を紹介している。

思井の伊原氏の宅の辺を犬塚といい、昔は畑中に塚があったという。小金城主高城下野守が狩して大木の元に休んだとき、愛犬小金丸が吼《ほ》え狂うので斬ると、その頭が飛んで木の梢にいた大蛇の咽笛に噛みついた。よって犬を厚く葬り犬塚としたという。

『日本伝説名彙』は、そのほか三重県の事例として『三重県伝説集』の話も紹介している。

永禄年間（一五五八〜一五七〇）、長野氏の家臣鹿間某が霊夢により河芸郡別保村影重において名犬を得た。あるとき、山に猟し帰途犬が吠えて遮るのを、獲物の数千に及べば猟犬その主を食うといわれている例かと思い、その首を斬ると、犬頭はたちまち大蛇に食いついた。某は大いに悔いて、塚を築き、自ら高野山に登って供養をしたという。

この話で注目されるのは、鹿間某が犬を斬った理由である。彼は、獲物の数が千に及ぶとき、猟犬が主人を食らうといわれていることを思い出し、吠える犬を斬ったとされている。この猟犬に関する俗信は昔話

「忠義な犬」の徳島県海部郡海南町の事例にもあり、猟犬代わりに使っていた狼《おおかみ》が獲物千匹目に主人を食うという言い伝えによって、猟師は吠える狼を殺してしまう。換言すれば、その俗信は猟師が自ら老犬を葬ることでもあるから、このような事例は単に犬の忠義さを称えるだけではなく、猟師と猟犬との関係のあり方を示唆しているのかもしれない。

名古屋の犬御堂のように犬頭伝説が寺院と結びつき、三重県の例のように発心説話になっている事例もある。寛政八年（一七九六）の『和泉名所図会《いずみめいしょずえ》』巻四によれば、大阪府泉佐野市にある七宝滝寺の山号の由来は次のとおりである。

犬鳴と号る事はむかし猟師ありて犬を牽此山に入て一つの鹿を窺ふ　傍に巨なる蛇あり　頭を挙てかの猟夫を呑んと向ふ　猟夫が意鹿にあつてこれをしらず　犬数声を発し頻に鳴て其主に告る　猟夫いまだ其由致を暁る事能はず　鹿犬の吠るに驚ひて去りぬ　猟夫大に怒て其犬を斬る　犬の頭忽踊て蛇を齧《かみ》殺す　於是其鳴事の妄ならざる事を知る　其時人咸曰此犬は不動の使獣是偏に明王の霊験なり　猟夫感嘆して此寺に入薙髪《ていはつ》して永く殺業を罷ける也　故に犬鳴山といふ(1)

七宝滝寺は、斉明天皇七年（六六一）に修験道の開祖である役小角が開基したと伝えられる真言宗の寺院で、中世葛城修験道二十八宿の第八の地である。この犬頭伝説は「犬鳴山」の命名由来譚であるが、殺生を生業とする者が仏門に入る発心説話ともなっている。

斬られた犬の頭が飛んで蛇を噛み殺す話は、管見の限りでは一五世紀前半の成立とされる『三国伝記』巻第二第一八話「不知也河辺狩人事」が最も古い。本文は次のとおりである。

和云、昔、江州イサヤ川ノ辺ニ狩人有リ。出テハ山ノ鹿ヲ殺シ菩提ヲ求ル事無ク、入テハ家ノ犬ヲ飼テ煩悩ヲ不レ厭。昼ハ千鳥ガ岡ニ遊テ遅々タル春ノ日ヲ暮シ、夜ハ鳥籠山ニ臥テ耿々タル秋ノ夜ヲ明ス。彼ノ所ハ山深シテ鬱々タリ。林茂シテ森々たり。或時、戔々タル林ノ中ニ獣ヲ射トスルニ日已ニ暮ヌ。人倫遠シテ何トヤ覧物スゴシ。弓ニ雁俣取添テ大ナル朽木ノ下ニ立寄テ夜ヲ明サントスル処ニ、比良片ノ目検枷ト云フ犬ノ子ニ小白丸トテ秘蔵ノ狗ヲツナギツレタリケルガ、及ビ二深更ニ一此ノ犬主ニ向テ頻リニ吠ル。彼ノ猟師声ヲ出シテ咤呵スレドモ、尚飛揚々々吠ケル程ニ、猟師腹ヲ立テ打チ刀ヲ抜テ犬ノ頸ヲ打落シタリケレバ、其ノ頭飛上テ朽木ノ上ヨリ大蛇岐下リテ師子ノ頭ラノ如クナル口ヲ開テ猟師ヲ呑ントスル吭ニ噛付テ、則チ大蛇ヲ喰殺セリ。狩人是ヲ驚怖悲泣セリ。其ノ処ニ祠ヲ立テ彼ノ犬ヲ神ト崇ム。今ノ犬神ノ明神是レ也。彼ノ処ヲ犬上郡ト云フ、此ノ故也。[2]

登場する犬の名は小白丸といい、比良片目検枷という犬の子であり、飼い主は近江国不知也河の辺の狩人である。この話は犬上郡という地名の起源譚であるが、犬上明神の縁起でもある。犬上明神は、犬上郡多賀町富之尾の大滝神社にある小祠《しょうし》で、稲依別王命《いなよりわけおうのみこと》を祭神とする。社伝の義犬伝説も犬の頭が飛んで蛇を噛み殺す話であるが、『三国伝記』とは異なり、犬の名を小石丸とし、飼い主は稲依別王命とする。ただし、稲依別王命は狩りを得意としており、固有名詞を除けば、『三国伝記』の話と内容は同じである。

猟師が犬によって命拾いをしたという話の歴史は古く、既に『今昔物語集』に収められている。同書第二九巻第三二話は、陸奥国の猟師が大蛇の住みかとも知らずに山中の木の空洞で寝ていると、連れていた犬の中の一匹が猟師を狙っていた大蛇を噛み殺したという話である。猟師は犬が飛びつきながら吠えたので、自分が襲われると思って太刀で脅すが、犬の首を斬ることはなかった。そのため、犬の頭が大蛇目がけて飛ぶというモチーフはないが、一二世紀初めの文献に筆録されていたことは注目すべきである。

猟師と犬の伝承としては、犬頭伝説と直接の関係はないが、古くは空海を高野山へ道案内した狩場明神の話がある。『今昔物語集』第一一巻第二五話には、大小二匹の黒い犬を連れた猟師として登場し、南山（高野山の別称）の犬飼と名乗り、空海が唐から投げた三鈷《さんこ》の場所を知っているからと、犬を走らせたという。この話は、在地神の仏教擁護を説くものであるが、犬を霊獣とみなしていることと、金剛峯寺の開基に狩猟集団の関与のあったことを暗示している。既述の三重県の事例では、犬を斬った鹿間某は高野山で仏門に入ったといい、泉佐野市の事例の猟師は真言宗七宝滝寺の僧になったという。名古屋の犬頭伝説ゆかりの犬御堂は真言宗の法浄寺華光院である。このように犬頭伝説が真言宗と結びついているのは、高野山に関係する宗教者あるいは狩猟民によって伝播したことが推測される。また、真言宗とは結びつかない伝承も猟というシチュエーションが共通しているのは、この伝説が本来は狩猟集団の伝承であったからであろう。それが伝承、伝播の過程でバリエーションを生じ、いつしか犬御堂にまつわる伝説として根づいたものと推測される。

注

（1）『和泉名所図会　四巻』（国立国会図書館デジタルコレクション）筆者翻刻、ルビ省略。

（2）池上洵一校注『三国伝記　上』（三弥井書店、一九七六年）一四〇～一四一頁。

参考資料

名古屋史談会編『張州府志　一』名古屋史談会、一九一三年。
愛知県教育会『愛知県伝説集』郷土研究社、一九三七年。
日本放送協会編『日本伝説名彙』日本放送出版協会、一九七一年。

『三河国名所図会　上巻』愛知県郷土資料刊行会、一九七二年。
関敬吾『日本昔話大成　第六巻　本格昔話五』角川書店、一九七八年。
『和漢三才図会　11』平凡社、一九八八年。
『諸国里人談　一』国立国会図書館デジタルコレクション。
『尾張名所図会　前編巻一』愛知県図書館貴重和本デジタルライブラリー。

# 山姥《やまんば》物語

## 本宮山《ほんぐうさん》の山姥

愛知県尾張北部に「山姥物語」という伝説がある。これは犬山市にある本宮山の山姥を退治する話で、江戸時代の写本類をはじめとして数多くのものに著されている。その資料を比較してみると、伝説の舞台となる地名、山姥退治に関わる人物名にほとんど違いはないものの、内容の展開などにいくつかのバリエーションが生じている。江戸時代の写本による「山姥物語」は、説明が詳細であったり、潤色があったりして本文が長いため、この話の基本部分を簡潔に記述したものとして、次に『愛知県伝説集』での本文を紹介する。

羽黒村の鳴海高橋といふ所に、昔福富新蔵国平といふ武士がゐた。文明の頃羽黒川を遡つて富士、本宮のあたりに狩をすると、本宮の御社の拝殿に一丈許の大女が髪をふり乱してゐた。新蔵はこれこそ噂の山姥と弓に矢をつがへてひやうと放つた。すると忽ち神燈がふつと消え、全山鳴動して雲霧が湧き騒いだ。夜の明けるのを待つて覗ふと、拝殿には黒い血が流れてゐた。そして鞍が淵の方へ跡がついてゐた。それを辿つて行くと、余野の里の小池与八郎の家の門の傍で血がとまつてゐた。小池が妻はこの暁から床に伏した。与八郎が閨に入つて気色を問ふも答がないので、布団を引き退けて見ると、妻の姿はなく血が夥しく流れてゐた。そして窓の障子に血で左の二首が書かれてゐた。

あじきなき契の末のあらはれてつひにはかへる故郷の空

年月をなれにし里の宿かれて小池の水のすまずなりにき[1]

昭和四十年代になると全国的に民話ブームが起こり、愛知県でも数多くの伝説集が出版された。「山姥物語」はそのほとんどに掲載されており、その内容は、山姥が書き残した歌に多少の相違があるものの、『愛知県伝説集』の所収話とほぼ同じであるが、なかには後日談を伝えるものもある。例えば、『愛知のむかし話』では、二首の歌に続き「さらに、その血をたどっていくと、美濃の国（岐阜県）鵜沼、おがせの池まで続いていたということである[2]」とし、山姥の本来の住みかを示唆する表現で締めくくっている。また、『尾張の民話』での結末は次のとおりである。

その後、小池与八郎の子孫は、誰も幸せにすごしたそうな。ひとびとは、与八郎のを山姥の子だとうわさしておったそうなが、子どもは何も知らなかったそうな。

新蔵にたたりがあったという話は聞かぬ。相変わらず剛胆な男として、猟師なかまの人望を集めておったそうな。[3]

この話では、与八郎と人間に化した山姥には子供がおり、山姥退治によって夫婦関係の破綻ばかりでなく、母子関係も断絶し、子供は父親のもとで人間として暮らしたことになっている。この話には話者と採集者の名前が明記されており、先行文献からの翻案ではなく、地元での伝承話として掲載されている。

これら三書以外にも現代に伝わる「山姥物語」を収めるものがいくつかあるが、愛知県もしくは尾張地方全域の伝説等を編集した出版物に共通してみられるのは、話の構成として、福富新蔵による山姥退治と、小池与八郎と山姥妻との決別を重要なモチーフとし、福富新蔵、小池与八郎、山姥を不可欠な要素としている点である。また、福富新蔵の居住地および山姥の住む本宮山の所在地から、「山姥物語」を犬山市の伝説としている点も共通している。しかし、小池与八郎と山姥妻が住んでいた余野は大口町であり、『大口町のむかしばなし』では、結末部に次のように記されている。

こんな騒ぎがあって何年か過ぎ、与八郎の息子も成人し大人になりました。息子は、たとえ母親が山んばであろうとも、私にとってはたった一人の母親なんだと、母の死を悼み菩提《ぼだい》をとむらう為、余野の山んば寺、徳林寺を建立したと云い伝えられています。(4)

山姥寺とも称される徳林寺

徳林寺は前身を空母山徳蓮寺と称し、一時兵火にさらされ衰退するが、文明元年(一四六九)に大久地城主の織田遠江守広近によって再興され、寺名を大龍山徳林寺と改めたという。(5)右の結末部は、この徳林寺建立の事情を説くものであり、現代における他の「山姥物語」とは趣を異にしているが、現在も実在する寺の縁起とすることで、内容の真実性を強調したものとなっている。このような伝説の成立は、江戸時代中期に遡ることができる。

『大口村誌』所引の「山姥物語」の内容は現代のものとほぼ同じであるが、与八郎の息子が母親の菩提を弔うために余野の里に寺を建立し、小池家は栄えたという結末になっており、後日談が空母山徳蓮寺創建の由来説明になっている。『大口村誌』所引文献は、伊丹雲南という医師が所持していたもので、次に桑名の浪人、余野村の平六に渡り、吉田三之助が書き写したが、その後、延享元年（一七四四）に室原村の大左ェ門が書き写したという。(6)したがって、この伝説の成立は遅くとも江戸中期とみてよいであろう。

市橋鐸氏によれば、現存する「山姥物語」の写本類は、おがせの池の伝説に結びついているものと、徳蓮寺の創建で終わっているものとがあるという。おがせの池の名は、『魃物語実記《ばけものものがたりじっき》』や『おがせが池竜女解脱物語《いけりゅうじょげだつものがたり》』があるが、市橋氏は、写本類のうちおがせの池の伝説に結びついたものよりも、徳蓮寺の創建で終わっているもののほうが古い形であるとし、大坂の人の所持していた本で尾張に逆輸入したものを大坂本、尾張北部に伝わっていたものを郷土本と仮称している。(7)『張州府志《ちょうしゅうふし》』や『尾張志《おわりし》』、『尾張名所図会《おわりめいしょずえ》』などの近世の地誌類にも「山姥物語」を取りあげたものが多いが、内容はこれらの古写本系であり、既述の『大口村誌』所引の「山姥物語」は、大坂本の『小池伝記』に相当する古写本の翻刻である。

また、市橋氏は『魃物語実記』や『おがせが池竜女解脱物語』を「戯作化された山姥物語」と指摘し、これらを郷土趣味家の創作ととらえている。『山姥言談』もその類のもので、福富新蔵の先妻が、妾《めかけ》のせいで追い出されたのを恨んで山姥になったとするなど、女性の念力の恐ろしさを強調している点や、山姥を退治した新蔵が乱心の末に自殺してしまった点など、「山姥物語」としてはかなり異質のものになっている。(8)しかし、いくら戯作化されても、新蔵による山姥退治、与八郎と山姥妻との決別を重要なモチーフとし、新蔵、与八郎、山姥を不可欠な要素としている点は、古写本や現代の伝説集のものと変わらない。

## 退治譚《たん》としての「山姥物語」

現存する「山姥物語」の資料は、江戸期中期まで遡ることができるが、その核となる山姥話は、それよりも古くから存在していたはずである。それが伝承されるうちに時代性や社会性、人々の価値観や倫理観などが反映され、古写本にみられるような物語に整えられたと推測される。

この物語において最も重要である山姥退治というモチーフは、全国各地の山姥話においても重要な役割を果たしている。愛知県西尾市に伝わる山姥話は次のとおりである。


馬子が秋刀魚《さんま》を馬に負はして山を越える。すると山姥が出て来て秋刀魚をくれといふ、一本やるとムシヤムシヤと食べてしまふ。またくれ、またくれで、終《つい》に秋刀魚を皆食べてしまひ、遂に馬までも食べてしまふ。馬子は逃げ出して山奥へ入つて行くと、一軒の家がある、それは山姥の家だつた。囲炉裏の灰をさばくと餅がい丶塩梅《あんばい》にやけて出て来るので、それを食べてしまひ、代りに瓦のかけをいけて置く。大釜の中に甘酒が入つてゐる。それも皆飲んでしまつて、代りに水を入れて置く。腹もよくなつたので馬子はヅシ(二階)へ上つて梯子《はしご》を引上げてねてしまふ。

そこへ山姥が、オウ寒《さ》ぶ寒ぶといつて帰つて来る。餅を食べようと思へば瓦になつてゐるので驚く、甘酒を飲まうと思へば水になつてゐる。

「餅は瓦になるし、甘酒は水になる、もう寝ませう。」

とヅシへ上らうとするが、梯子が引上げてあるので、釜の中へ入つてふたをして寝る。馬子は頃間を見てヅシから降り、釜の蓋に重い石を積み重ねて置いて、火打石をカチカチやつて火を作る。釜の中の山姥はこれを聞いて、

「ヤレヤレ、カチカチ鳥が鳴く、もう夜が明けるさうな、どりや起きませう。」

と蓋を押し上げようとするが重くて上らない。そのうちに火が燃えて蓋の中が暖かくなって来る。

「こりやお日様がお登りで、もう暖かくなつた、どりや起きませう。」

と蓋をまた押上げて見るが上がらない、その内に火がどんどん燃えて山姥は釜の中で焼死んでしま

ふ。翌朝馬子が釜の蓋をとつて見ると、一ぱいの血が釜の中にあつた、それを蕎麦の肥料にやつたので、今でも蕎麦の茎の根本は赤い。(9)

これは、名倉聞一氏が幼少時に祖父母、両親から聞いた話の一つで、「牛方山姥」(「馬子山姥」とも)というタイプに分類される昔話である。このタイプは日本全国に分布しており、名倉氏の話のように、牛馬までも食べてしまう恐ろしい山姥が、主人公の機転で呆気《あっけ》なく殺されてしまうという話である。同じような山姥退治のタイプとしては、「三枚の護符」(「山姥と小僧」とも)、「食わず女房」などがある。

これらのタイプは逃竄譚《とうざんたん》、すなわち知らずに山姥の家に行くが、何かの援助を得て山姥のもとから逃亡し、策を講じて無事助かるという構造の昔話になっている。主人公が山姥から逃げるのは、山姥があくまでも恐ろしい存在だからであり、山姥が凶暴であればあるほど、弱者である主人公の勝利は痛快である。但し、その勝利は力ずくで得たものではなく、主人公の知恵の働きもしくは護符の呪力、魔除けの植物によるもので、そうした窮余の一策に昔話ならではの面白味がある。

ところが、「山姥物語」の主人公である福富新蔵は本宮山で山姥に遭遇すると、逃げるどころか勇猛果敢に山姥を射る胆力の持ち主であった。しかも、血を流しつつ逃げる山姥を追いかけていくのである。ここに、昔話の山姥退治話との大きな違いがある。「山姥物語」は、いわば福富新蔵の武勇伝でもあり、その成立や伝承に福富家が関わっていたことは十分考えられる。福富家にとって、新蔵の山姥退治は一種のステータス・シンボルなのである。古写本以前の「山姥物語」の本源を探るのは推測の域を出ないが、いずれにしても、本来は跳梁跋扈《ちょうりょうばっこ》する妖怪を人間が退治するという単純な内容であり、それは、源頼光による酒呑童子《しゅてんどうじ》退治の系譜に位置づけられるものと考える。

## 異類婚姻譚としての「山姥物語」

この物語では、小池与八郎と山姥妻との別離も重要なモチーフとなっているが、両者の結婚の経緯は、『彪物語実記』に詳しく記されている。それによれば、山姥妻は与八郎が本宮山参詣の帰りに羽黒山の麓で出会った美女だという。与八郎が館に連れ帰ると、彼の両親が気に入って息子の嫁とし、生まれた子供は、京丸と名付けられたという。(10)『臥遊奇談《がゆうきだん》』所載の「山姥物語」では、山姥を妻としていたのは小池与八郎ではなく、福富新蔵の従兄弟の辻右京という人物で、結婚については「妻は飛騨の国の者なるよし。初め下女に召遣ひけるが、其生質清ければ、右京終に推挙して妻となして、家事をゆだぬ。去冬一子を生む。ことに男子なればと、珠のごとく寵愛しける。」と記されている。(11)

山姥の化した女の素性を説明するのは、おそらく後人の筆による潤色であろうが、いずれも男性と山姥の間に生まれた子供のことは明記されている。この子が山姥の菩提を弔うために徳蓮寺を創建するのであるから、縁起譚としては彼こそが最も重要な人物である。古写本では結婚の経緯には言及しておらず、子供の幼名は記されていないが、大坂本系統の『小池伝記』には、山姥の残した歌の次に「此女の子に男子壱人あり。心剛にして才徳人にすぐれたり。父此子を秘蔵して惣領をつがせけり。代々を経て与八郎と云ふ。」とある。(12) 与八郎の子が人よりも優れているというのは、物語の展開上、山姥を母として生まれたからだとみるべきであろう。

山姥が子を産み育てる話としては、金太郎が有名である。金太郎は、源頼光の四天王の一人として活躍した坂田金時(公時)の幼名で、酒呑童子退治説話に剛毅な武将として登場する。その出生については、江戸時代前期の古浄瑠璃にみられるのが最初で、寛文四年(一六六四)刊『金時都いり』などは足柄山の山姥の子とする。現代でもよく知られる、山姥と山中に住む怪童丸が熊や猪を相手に相撲を取り、頼光に見いだされて臣下となるという説話は、正徳二年（一七一二）七月初演の近松門左衛門作『嫗山姥《こもちやまんば》』によるもので、これによって金太郎説話の原型ができあがることになる。『嫗山姥』は大当たりで、『鸚鵡籠中記《おうむろうちゅうき》』によれば、大坂に続いて名古屋でも上演され、まもなく歌舞伎でも上演されて評判になったという。[13] また、金時の幼少時代の伝説は『広益俗説弁』（享保二年〈一七一七〉）、『前太平記』（享保三年）などによって普及していたので、「山姥物語」の山姥が子を産み育て、その子が人よりも優れていたとするのは、こうした金時伝説による影響とも推測される。

　しかし、山姥が正体を隠して小池与八郎の妻になっていたことに注目してみると、説話の構造としては、異類婚姻譚を踏襲するものといえる。異類婚姻譚とは、人間と人間以外の者との結婚を主題とする昔話の総称で、異類が女に化けている場合は異類女房譚という。人間の男に助けられた鶴が男の女房となり、機織りをして恩返しをする「鶴女房」というタイプが有名であるが、「山姥物語」に関係深いのは、「狐女房」というタイプである。このタイプの昔話は全国的に分布しており、ある男によって窮地を救われた狐が、恩返しのために男の女房になり、男の子が誕生するという話である。異類女房譚では、女性に変身した異類が夫に本来の姿を見られてしまい、夫のもとを去っていくというのが一般的であるが、「狐女房」では、夫ではなく子供に正体を知られてしまう例が多い。昼寝をしているとき、掃除をしているときなどに、子供に尻尾を見られてしまうと、「恋しくば訪ねきてみよ和泉なる信太の森のうらみ葛の葉」またはこれに類似した歌を書き置きして去っていったとする。

　このタイプは平安中期の陰陽家安倍晴明の出生譚としても伝えられており、母親は和泉国信太《しのだ》の森に住む狐だという。信太狐説話の古い文献としては『簠簋抄《ほきしょう》』（慶長ごろ成立か）があり、浅井了意作『安倍晴明物語』や説経節「信太妻」もある。浄瑠璃や歌舞伎でも演じられ、享保一九年（一七三四）一〇月、竹本座初演の竹田出雲作『芦屋道満大内鑑《あしやどうまんおおうちかがみ》』はその集大成作品といえる。[14] この説話の伝承伝播には、このような文献や語り物の流布、清明を祖先とまつる陰陽師系遊行者の関与によるところが大きく、江戸中期には広く知られていたことであろう。「山姥物語」で山姥が歌を書き残して去り、その子が人よりも優れていたとするのは、この信太狐説話の影響かもしれない。

異類婚姻譚のうち、異類の血筋にある者の優秀さを伝える最古の資料は、『古事記』の豊玉毘売《とよたまひめ》説話である。豊玉毘売は、失った釣り針を探して綿津見神《わたつみのかみ》の宮に来た火遠理命《ほおりのみこと》（山幸彦）と結婚し、地上で出産するのであるが、火遠理命が禁止されていたのにも関わらず出産場面をのぞくと、豊玉毘売は非常に大きなの和邇《わに》の姿でのたうちまわっていたという。和邇が鰐《わに》なのか、鱶《ふか》・鮫《さめ》の類なのかは定かではないが、天《あま》つ神の火遠理命にとって和邇の姿の豊玉毘売は異類である。生まれた御子の活躍は記されていないが、豊玉毘売の妹である玉依毘売《たまよりひめ》と結婚し、神倭伊波礼毘古命《かむやまといわれびこのみこと》（神武天皇）が生まれたことになっている。

豊玉毘売説話と「山姥物語」との間に直接的な影響関係はないであろう。しかし、山姥の血筋の者が人間社会において妖怪扱いされるのではなく、むしろ優れた人物であったとするのは、豊玉毘売説話や信太狐説話にみられるような異類婚姻による貴種誕生という観念が古代から伝統的にあり、それが「山姥物語」の成立にも反映されていると考えられる。

## 山姥の両義性

異類婚姻による貴種誕生は、説話を構成するモチーフではあるが、貴種誕生は必ずしも異類婚姻に付随するわけではなく、「鶴女房」のように子供の要素を欠く異類女房譚は少なくない。それならば、なぜ「山姥物語」に貴種誕生のモチーフが組み込まれているのであろうか。それは、おそらく山姥の内性に関わる問題と考えられる。

豊玉毘売は海神の娘であり、その正体は和邇だとされている。火遠理命と豊玉毘売との結婚は、天つ神の王権が陸からさらに海に拡大したことを具体的に示すものであるが、この結婚は神武天皇の誕生へとつながっていく。即ち、豊玉毘売から生まれた御子が豊玉毘売の妹である玉依毘売と結婚し、神武天皇が生まれるのである。したがって、天つ神は天皇誕生まで二代にわたって海神の娘と結婚したことになるわけであるから、毘売たちの本性である和邇はただの海の生物ではなく、海神を具現する神聖な存在ととらえるべきである。

狐については、稲荷神の使者として広く知られ、狐が日本に種籾《たねもみ》をもたらしたという伝説もあるように、単なる野生動物ではなく、民間信仰における聖なる動物である。「狐女房」の昔話では、男のもとを去った狐が田植を手伝い、豊作になったという例が各地から報告されており、その伝承の背景に狐を田の神とする信仰のあったことがうかがわれる。

では、「山姥物語」の場合はどうなのであろうか。山姥の子が優れた人物であるとするのは、山姥が恐ろしいだけの妖怪ではなく、やはりその内性が神聖であったからではないかと考えられる。既述のとおり、山姥は人を食う恐ろしい妖怪ではあるが、「米福粟福」(「糠福米福」とも)や「姥皮《うばがわ》」の昔話では継母にいじめられる娘を救う援助者として登場しており、人間に幸福を授ける福神的性格ももつ。柳田国男氏は、早くからこうした山姥の両義性に注目し、「近世の山姥は一方には極端に怖ろしく、鬼女とも名づくべき暴威を振ひながら、他の一方では折々里に現れて祭を受け又幸福を授け、数々の平和な思ひ出を其土地に留めて居る[15]」と述べている。また折口信夫氏は、山姥を山の神の巫女と説き、「山姥といふ称呼から、山にゐる女性と考へ、山人を、蛮人又は鬼・天狗などに近づけて想像する処から、此をも山の女怪と信じる様になりました[16]」と、聖なる存在から女怪に変化したことを述べている。

山姥の両義性は、退治譚の例話として挙げた名倉聞一氏の昔話の「翌朝馬子が釜の蓋をとつて見ると、一ぱいの血が釜の中にあつた、それを蕎麦の肥料にやったので、今でも蕎麦の茎の根本は赤い」という結末部にも現れている。蕎麦の赤い茎の由来を山姥の死と結びつけて説くのは「天道さん金の綱」の昔話でも同様である。大林太良氏は、山姥の血によって現在のような蕎麦が発生したという話は、死体化生型の作物起源神話につらなる性格をもつと指摘し、山姥と、『日本書紀』の保食神《うけもちのかみ》の類似を重要視して「保食神もまさに殺されることによって、作物を発生させた農耕神であった。その点においては、《天道さん金の綱》の山姥と軌を一にしている(17)」と述べている。

「山姥物語」において、女性に化けた山姥が小池与八郎と夫婦関係にあったという趣向は、異類婚姻のカテゴリーに属するものであり、異類女房譚の構造を踏襲するものである。踏襲といっても、構造のパターンを形式的に借用したのではなく、山姥の子を登場させ、その成長に言及するのは、豊玉毘売説話や信太狐説話の主人公たちと同じように、山姥の内性に貴種誕生の誘因となる神聖な母性が備わっていたとみるべきであろう。

「山姥物語」は、福富新蔵による山姥退治と、小池与八郎と山姥妻との決別が重要なモィーフになっているが、それぞれのモチーフにおける山姥のイメージは、ちょうどその両義性に合致する。山姥が退治された理由は具体的に説明されておらず、新蔵にとっての山姥は、退治されるべき邪悪なものでしかなかった。また、与八郎にとっての山姥は、小池家の総領を出産し、一族の繁栄をもたらす福神的存在であった。どちらも山姥の特徴を示すのであるが、そのイメージのギャップが大きく、また退治譚の部分と異類婚姻譚の部分は、それぞれで完結しうる内容であることから、本来それらは別個の話ではなかったかと考えられる。

これら単独で伝承されていた話を接合させるのは、新蔵による山姥追跡である。一般的な異類女房譚では、女が真の姿に戻っているときに、夫もしくは子供が偶然それを見てしまうという場面があるが、「山姥物語」ではその部分が欠落しており、新蔵が山姥を小池家まで追跡してきたことによって、女の正体が露顕することになる。このように、話は新蔵の活躍を中心に展開しており、「山姥物語」の第一義は彼の武勇を顕彰することであったと推測される。

しかし、「山姥物語」のような伝承文芸は、時代性や地域性、伝承に関わる人々の心情を反映して変化し続けるものである。『大口町のむかしばなし』の「山姥物語」では、話の末尾に評言として次のように記されている。

今の世の中にはもう「山んば」など妖怪はいません。しかし鬼の様な心を持つ人々は後を絶ちません。文明が進めば進むほどやさしい心が弱くなる様に思われます。今一度山んばが母であった心と息子が母を慕う心を考えてみて下さい。

豪胆さよりも心根の優しさが求められる現代において、「山姥物語」の主役は、もはや福富新蔵ではなく、山姥の子供といえよう。

注

(1) 愛知県教育会編『愛知県伝説集』（郷土研究社、一九三七年）二八九頁。
(2) 愛知県郷土資料刊行会編『愛知のむかし話』（愛知県郷土資料刊行会、一九三七年）二四頁。
(3) 小島勝彦編『尾張の民話』（未来社、一九七三年）一二九頁。
(4) 大口町歴史民俗資料館編『大口町のむかしばなし』（大口町教育委員会、二〇〇五年）五頁。
(5) 滝喜義『山姥物語とその史的背景』（ブックショップ「マイタウン」、一九八六年）三九頁。

(6)野田正昇『大口村誌』(大口村役場、一九三五年)六五二頁。
(7)市橋鐸『尾張本宮山 山姥物語考』(犬山郷土会、一九七〇年)一六〜一七頁。
(8)市橋鐸『尾張本宮山 山姥物語考』(犬山郷土会、一九七〇年)四八〜四九頁。
(9)羽田三吉編『郷音記 名倉聞一遺稿集』(自刊、一九三九年)九七〜九九頁。
(10)滝喜義『山姥物語とその史的背景』(ブックショップ「マイタウン」、一九八六年)一五五〜一六三頁。
(11)市橋鐸『尾張本宮山 山姥物語考』(犬山郷土会、一九七〇年)七二頁。
(12)市橋鐸『尾張本宮山 山姥物語考』(犬山郷土会、一九七〇年)六七頁。
(13)乾克己他編『日本伝奇伝説大事典』(角川書店、一九八六年)「金太郎」。
(14)乾克己他編『日本伝奇伝説大事典』(角川書店、一九八六年)「信太の狐」。
(15)柳田国男「山の人生」、『定本 柳田国男集 第四巻』(筑摩書房、一九六八年)一二三頁。
(16)折口信夫「翁の発生」、『折口信夫全集 第二巻』(中央公論社、一九六五年)三八八頁。
(17)大林太良『東と西 海と山—日本の文化領域』(小学館、一九九〇年)一九二頁。

# 妻神社《さいのかみしゃ》

## 道祖神信仰

瀬戸市下半田川町に縁結び、安産の神をまつる神社がある。その名を妻神社という。この神社の由緒について、『愛知県伝説集』は「妻《さい》の神《かみ》」と題して次のように伝えている。

品野町大字半田川の東に小祠《しょうし》がある。妻の神といふ。大昔この地に二人の兄妹があつて、共に頗る美貌であつた。それが共によき配偶者を求めたが得ず。遂にそれを求めて旅に出たが、数年を経ても意に適するものが見あたらなかつたので、已むなく故郷に帰つて来たが、却つて其所にて頗る意に叶ふものを見出した。二人は大いに喜んで相近づいて共に語つたところ、それは意外にも数年前別れて旅立つた兄妹同志であつた。二人は大いに之を恥ぢ、発心して往生を遂げたといふ。今縁の神として参拝するものが多い(1)。

妻神社の境内入り口にある看板に記された由緒では、兄の名を小治呂《こじろ》、妹の名を稗多古《ひえたこ》とし、二人は旅先で契りを結んだことになっている。兄と妹であることがわかると、二人は悲しい運命に泣く泣く故郷に帰り、「私たちの魂はここに止まり、せめて世の若い人たちのために幸福な縁結びとなってあげたい」と相果てたので、村人たちが二人をまつったという。

「妻神」という表記は「サイノカミ」のあて字である。一般には「塞神」と表記されることが多い。すなわち道を塞ぐ神のことであり、その歴史は古い。『古事記』では、黄泉《よみ》の国から逃げ帰る伊邪那岐《いざなきの》命《みこと》が黄泉比良坂《よもつひらさか》を千引石《ちびきいし》で塞ぎ、それを挟んで追ってくる伊邪那美命《いざなみのみこと》と対峙《たいじ》する。この石は道返之大神《ちがえしのおおかみ》または塞《ふさが》り坐《ま》す黄泉戸大神《よもつとのおおかみ》といい、生者の世界と死者の世界との境界となる。(2)『日本書紀』における同場面の一書第六においては、死者の世界である黄泉の国との境界の指標となる杖を岐神《ふなとのかみ》といい、石の神を泉門塞之大神《よみどにさやりますおおかみ》または道返大神《ちかえしのおおかみ》という。(3) また、『和名類聚抄《わみょうるいじゅしょう》』には「道祖」について「風俗通云共工氏之子好遠遊故其死後以為祖」とあり、和名を「佐倍乃加美」とする。(4) このように、『風俗通義』により「道祖」を説明し、呼称を「さへのかみ」としていることから、既に平安時代中期には道祖と塞神は同一視されていたようである。

境界を守る神の信仰は、古代宮廷祭祀の一つである道饗祭《みちあえのまつり》においても見出せる。道饗祭とは厄神・疫神が京に入らぬよう祈願するもので、毎年六月・一二月の二度、京の四隅（四方の京極大路）の路上において八衢比古《やちまたひこ》・八衢比売《やちまたひめ》・久那斗《くなと》の三神を神祇官《じんぎかん》の卜部《うらべ》にまつらせた。(5) 三神のうち久那斗は、『古事記』『日本書紀』に登場する岐神のことであろう。八衢比古・八衢比売は対偶神であり、妻神社のような男女神としての道祖神の源流と考えられる。

道祖神に関する説話として、平安時代中期の仏教説話集『大日本国法華験記』巻下第一二八話がある。四天王寺の沙門道公が、熊野詣での帰途、紀伊国において道祖神の依頼で『法華経』を読誦《どくじゅ》し、道祖神を観音浄土に転生させたという話である。これに登場する道祖神について、本文では「朽ち故くして多くの年を逕たり。男の形ありといへども、女の形あることなし」と記されている。道祖神は夜半に翁の姿になって行疫神の先導役を務めていたのであるが、道公に「今この下劣の神の形を捨てて、上品の功徳の身を得むと欲す。この身の受けたる苦びは、無量無辺なり。聖人の力に依りて、このことを成さむと欲す」と願い、

『法華経』の読誦によって救済される。すると、更に「聖人の慈悲に依りて、今この卑賤受苦の身を免れ、勝妙清浄《しょうみょうしょうじょう》の功徳の身を獲り得て、所謂《いわゆる》補陀落《ふだらく》世界に往生し、観音の眷属となりて、菩薩の位に昇らむ」と願うので、道公が柴の船を造って海に送り出すと、道祖神は身が金色となって光を放ち、南方に向けて飛び昇り、去って行ったという。[6]『今昔物語集』巻第一三第三四話はその同文的類話である。いずれにおいても『法華経』聴聞の功徳により救済されたものの、道祖神が仏教側から地位の低い神と見なされていることは明白である。その神像である男の形を下劣としていることから、この説話の道祖神は男性器の姿をしていたと推測される。

男の形と女の形をした道祖神に関して、『本朝世紀』天慶元年（九三八）九月二日の条に次のように記されている。

近日東西両京。大小路衢。刻レ木作レ神。相対安置。凡厥躰像。髣二髴丈夫一。頭上加レ冠。鬢辺垂レ纓、以レ丹塗レ身。成二緋衫色一。起居不レ同。遞各異レ貌。或所又作二女形一。対二丈夫一而立レ之。臍下腰底。刻二絵陰陽一。構二几案於其前一。置二坏器於其上一。児童猥雑。拝礼慇懃。或捧二幣帛一。或供二香花一。号曰二岐神一。又称二御霊一。未レ知二何祥一。時人奇レ之。[7]

この記事によれば、京の市中に安置した木彫の男女の神像にはそれぞれに陰陽の性器が刻まれ、岐神と称したという。『大日本国法華験記』の説話において、わざわざ「女の形あることなし」と記しているのは、男女一対が一般的だったからであろう。説話に登場する道祖神は「男の形」である一方、夜には翁の姿に変じているが、それも当時の一般的な理解だったようである。

鎌倉時代に成立した『宇治拾遺物語』巻第一「道命《どうみょう》、和泉式部の許に於いて読経し、五条の道祖神聴聞の事」においても、五条西洞院の道祖神が翁姿で登場し、『法華経』聴聞の機会を得られたことを非常に喜んでいる。道命は藤原道綱を父とし、『蜻蛉日記』の作者を祖母とする僧で、その読経のすばらしさはよく知られている。説話の世界では和泉式部と親密な関係にあったとされ、彼女のもとで一夜をともにした後に『法華経』を読み終えて夜明けを迎えると、そこに翁姿の道祖神がいることに気づく。道命がその理由を尋ねると、「清くて読み参らせ給ふ時は、梵天、帝釈を始め奉りて聴聞せさせ給へば、翁などは近づき参りて承るに及び候はず。今宵は御行水も候はで読み奉らせ給へば、梵天、帝釈も御聴聞候はぬひまにて、翁参り寄りて承りて候ひぬる事の忘れがたく候ふなり」と述べたという。[8] この説話においても、道祖神は地位の低い神と見なされ、民俗神に対する仏教の優位性を説くための格好の題材となっている。山本節氏の論考によれば、この説話は「日本神祇の法華経聴聞」及び「僧の女犯と法華経」という二つのモチーフの複合からなっており、両者を結合させたのは「性の神」としての道祖神の内性にあると指摘されている。[9]

## 性神信仰

男性器信仰の古い記録としては、平安時代初期の歴史書『古語拾遺』の記事がある。御歳神《みとしのかみ》の怒りによって蝗《いなご》が田に放たれ、苗の葉が枯れたので、大地主神は占いの教えのままに白猪、白馬、白鶏を御歳神に供える。すると、御歳神は大地主神に蝗駆除の方法の一つとして牛の肉による「作男茎形」という方法を教えるのである。[10] 男性器形のものを呪物とするのは、それによって象徴される生産力が特別な霊力とみなされ、稲作の害虫を駆除し、ひいては豊穣をもたらすと考えられたからであろう。その信仰に基づく祭礼として、愛知県小牧市にある田縣神社《たがたじんじゃ》の豊年祭がよく知られている。毎年、豊年祭に先立って斧入祭が行われ、檜《ひのき》で直径約六十センチ、長さ約二メートル五十センチの男性器を作り、豊年祭ではそれを厄男たちが御旅所《おたびしょ》から神輿として担ぎ、神社に奉納する。

この田縣神社の近くに大縣神社《おおあがたじんじゃ》（犬山市）がある。祭神は尾張開拓の祖神たる大県大神で、『旧事本紀』にいう邇波県君《にわのあがたのきみ》の祖神大荒田命《おおあらたのみこと》をまつるという。境内摂社の「姫の宮」は倉稲魂神《うかのみたまのかみ》、玉比売神《たまひめのかみ》（大縣大神の子）をまつり、女性器のようにも見える「姫石」が安置され、安産や縁結びなどで信仰を集めている。

また、西尾市の熱池八幡社《にいけはちまんしゃ》において毎年一月三日に五穀豊穣を祈念して行われる祭礼でも、性器に対する信仰がうかがわれる。全身赤装束の六人の厄男が神社に向けて行列し、うち三人は大根で作った男性器を腰に下げ、「てんてこ、てんてこ」という太鼓の囃子にあわせて腰を振りながら町内を練り歩くのである。瀬戸市の妻神社では、写真に示したように境内に男性器をかたどった石像が安置されている。

妻神社境内の石像

性器が神秘的なものとして信仰されるのは、それが生産力の原点と考えられていたからである。実際に出産する女性器の信仰のほうが原初的ではあるが、生殖には男性が不可欠であることから、女性器と男性器が対になって信仰されることが多い。これが安産、縁結びの祈願対象になるのは、その性力に対するものであるが、農耕社会では人間の生殖と作物の実りに感染呪術的関係が見出され、豊穣をもたらす性神として信仰されてもいる。更にその霊力が悪霊、悪病に対して発揮されると、これらを祓《はら》う呪力ともなるのである。

## 兄妹相姦説話

妻神社の由緒では、直接的に性器崇拝の表現はないが、兄と妹の近親相姦に性的要素が多分に認められる。各地の道祖神信仰に関わる近親相姦の伝承については、既に大島建彦氏[11]、池田秀夫氏[12]、倉石忠彦氏[13]、脇田雅彦氏[14]による詳細な論考があり、このような伝承の分布状況を知ることができる。大島氏が他の三氏の調査資料を整理した一覧表によると、栃木県二例、群馬県二一例、新潟県一例、富山県二例、長野県二四例、岐阜県二四例、静岡県二例、愛知県五例、島根県一例、福岡県五例、長崎県七例、熊本県六例、大分県三例、宮崎県一例、以上一〇四例が確認されている。これらの近親相姦の伝承は、兄妹相姦と父娘相姦の二つの類型に分けることができ、前者の八五例はおもに関東から中部にわたって分布する。これに対し、後者は福岡県四例、長崎県六例、熊本県五例、大分県三例、宮崎県一例と事例が少なく、すべて九州の一部に限られる[15]。脇田氏も指摘しているように、兄妹相姦伝承は、群馬・長野・岐阜各県に多数分布しているが、道祖神信仰が濃厚な山梨県、静岡県、神奈川県にこのような伝承の報告例がなく、信仰と伝承との関係に地域的特徴が見られる。

愛知県の五例のうちの一例が妻神社の伝説であるが、そのほかに南設楽郡作手村（現新城市）に一例、北設楽郡設楽町に二例、同郡東栄町に一例が分布する。これらの伝承が偶発的に形成されたとは考えづらく、伝承、伝播《でんぱ》の過程が想定される。それらの多くは、近親相姦をタブーとしており、妻神社の由緒では、兄妹は発心して往生を遂げたという。「発心」「往生」という表現に、この話の伝承に仏教者の関与があったものと推測されるが、悔恨の情が二人を縁結びの神へと昇華させることになる。換言すれば、新たな信仰が近親相姦のタブー侵犯によってもたらされたことになる。

近親相姦は、社会の秩序を乱す行為としてタブー視される反面、一族の始祖伝説ではこれを肯定的に認めている。例えば、『今昔物語集』巻第二六第一〇話「土佐国妹兄行住不知島語」では、田植の準備で両親が海岸に上陸している間に、幼い兄妹の乗っていた船が吹き流され、二人は漂着した無人島で夫婦となり、産んだ男子や女子も夫婦となって子孫が増え、その島は妹兄島《いもせじま》と呼ばれるようになったという。『宇治拾遺物語』巻第四「妹背嶋《いもせじま》の事」はこの説話の同文的類話で、妹背嶋は現在の高知県宿毛市の沖の島だとされている。これらの説話では、兄妹は無人島への漂着によって孤立するが、九州南端から台湾北東端までの海域には、大洪水後に生き残った一組の兄妹が結婚し、新たな始祖となったという伝承が分布する。山本節氏は、『今昔物語集』の説話は南西諸島の兄妹相姦型始祖説話と同系統のもので、黒潮に乗って運ばれたものと考えている。(16)

兄妹相姦のモチーフは、日本神話にも見出せる。国生み、神生みの創造活動を行う二柱の神を、『古事記』では「伊邪那岐神」「妹伊耶那美神」と表記する。「妹」を「恋人」「妻」の意とする説もあるが、西郷信綱氏は「妹」は妹でしかあり得ないとし、その根拠として「第三者の立場から、または地の文や散文脈において、妻のことをイモといった例は一つもない。これは、イモとは夫または男が自分の妻または恋人にたいし一定の特殊な状況において親愛の情をこめていう呼称であって、傍からは妻のことをイモとは決していわなかったし、事実いえもしなかった消息を暗示する」と指摘し、二神が兄妹であろうと説いている。(17)

吉田敦彦氏によれば、近親相姦は世界秩序を混乱させる行為として弾劾される一方、秩序それ自体もしくはその不可欠の部分をなす要素を生み出す働きをしてきたとし、世界・人類・民族・文化等が創造され、整然たる秩序としての世界が成立する過程において、近親婚は不可避とされ、積極的な役割を演じるが、いったん世界が確立されれば、その秩序のなかでは、一転して不可侵のタブーになるという。(18)『古事記』『日本書紀』には同母兄妹である軽皇子《かるのみこ》と軽大郎女《かるのおおいらつめ》の近親相姦の話があり、『日本書紀』允恭天皇《いんぎょうてんのう》二四年六月条によると、天皇の御膳の羹汁《あつものじる》が氷結し、その理由を占うと、卜者《ぼくしゃ》は「内乱有り。蓋し親親相姧けたるか」といい、近親相姦が発覚してしまう。その結果、軽皇子は皇太子であるため罰せられなかったが、軽大郎女は伊予に流罪となったという。このように、人間の時代になると、同母兄妹間の相姦は厳しく禁じられることになる。

妻神社の伝説は、夫婦として添い遂げることのできない兄妹の哀れな話ではある。しかし、その成立の背景には、古代からの性に対する信仰が垣間見られ、近親相姦のタブーを犯すという異常性が、却って性の力を強調し、兄と妹は子孫繁栄をもたらす縁結びの神となり得たのであろう。

注

(1) 愛知県教育会編『愛知県伝説集』(郷土研究社、一九三七年)三一二頁。
(2) 山口佳紀・神野志隆光校注『古事記』(小学館、一九九七年)四九頁。
(3) 小島憲之他校注『日本書紀①』(小学館、一九九四年)四七・四九頁。
(4) 『倭名類聚鈔　巻第二』(国立国会図書館デジタルコレクション)筆者翻刻。
(5) 国史大辞典編集委員会編『国史大辞典　第一三巻』(吉川弘文館、一九九二年)「道饗祭」。
(6) 井上光貞・大曽根章介校注『往生伝　法華験記』(岩波書店、一九七四年)二一五〜二一六頁。
(7) 黒板勝美・国史大系編修会編『本朝世紀』(吉川弘文館、一九六四年)。
(8) 小林保治・増古和子校注『宇治拾遺物語』(小学館、一九九六年)二五〜二六頁。
(9) 山本節『異怪と境界　―形態・象徴・文化―　上巻　文献資料篇』(岩田書院、二〇一一年)五七頁。
(10) 『古語拾遺』(国立国会図書館デジタルコレクション)。
(11) 大島建彦「道祖神の信仰と説話」、秋山虔編『中世文学の研究』(東京大学出版会、一九七二年)。「日本神話研究と民俗学」、『講座日本の神話』編輯部編『講座日本の神話』一巻(有精堂出版、一九七七年)。

(12) 池田秀夫「双体道祖神考」、群馬県史編さん委員会事務局編『群馬県史研究』九号（群馬県、一九七九年）。
(13) 倉石忠彦「道祖神信仰とその祭祀説話について」、信濃史学会編『信濃』三一巻八号（信濃史学会、一九七九年）。
(14) 脇田雅彦「サエノカミ信仰における柴供えと兄妹婚伝承」、名古屋民俗研究会『性と民俗』（名古屋民俗研究会、一九八〇年）。
(15) 大島建彦『道祖神と地蔵』（三弥井書店、一九九二年）七一〜七八頁。
(16) 山本節『神話の森』（大修館書店、一九八九年）五一頁。
(17) 西郷信綱『古事記研究』（未来社、一九七三年）五九〜六〇頁。
(18) 吉田敦彦『神話と近親相姦』（青土社、一九八二年）二七〜二八頁。

# やろか水

## 「やろか水」と「入鹿切れ」

愛知県の西部を流れる木曽川は、昔から洪水による甚大な被害を人々にもたらしていたようである。『続日本紀』巻三〇、神護景雲三年（七六九）九月八日条に、「尾張国言。此国与二美濃国一堺。有二鵜沼川一。今年大水。其流改道。毎日侵二損葉栗。中島。海部。三郡百姓田宅一。又国府并国分二寺。倶居二下流一。若経二年歳一。必致二漂損一。望請。遣二解工使一。開掘復二其旧道一。許レ之」[1]と記されており、鵜沼川（木曽川）の洪水で河道《かどう》が変更し、尾張国葉栗・中島・海部三郡に被害があったので、河道復旧工事を申請し、許可されたという。『続日本後紀』巻第六、承和四年（八三七）三月七日条には「尾張国課口三分之一、特従二優復習一、河流漲溢、民多病レ水」[2]とあり、課口の三分の一の課役を免除している。『文徳実録』巻第六、斉衡元年（八五四）二月一五日条にも同文がある[3]。『三代実録』巻一一によれば、貞観七年（八六五）一二月二七日、美濃国に流れ込んでいた広野川（木曽川分流）が土砂の堆積でふさがれ、それが尾張国へ流れ込み、氾濫して大被害を受けたという[4]。

　木曽川の氾濫はその後も繰り返され、江戸時代後期になると、洪水にまつわる「やろか水」という伝説が語られるようになる。肥田信易の『犬山里語記』巻六には、次のように記されている。

　木曽川の洪水度々有れとも、貞享四年八月廿六日にヤロカ水と云事有、前代未聞の洪水と云、里語に

ヤロカ、ヤロカと川上より呼りし声聞て、ヲコサバヲコセと答しより、洪水と成る事聞こへける(5)

『犬山里語記』は、「序」に文化一四年（一八一七）と記されているが、草稿を書き終えたのは文政七年（一八二四）ごろとされている。その約一三〇年前の貞享四年（一六八七）に木曽川に洪水が起こったが、その前に川上から「ヤロカ、ヤロカ」と呼ぶ声が聞こえ、これに「よこさばよこせ」と答えたところ、洪水になったという。

この犬山の伝説が広く知られるようになったきっかけは、市橋（旧姓鈴木）鐸氏の『郷土研究』への寄稿であろう。その本文は次のとおりである。

やろか水伝説　林魁一君が美濃の太田に有つたと報ぜられた「やろか水」の話（四巻三〇六頁）が、太田から僅か三里内外の下流なる自分の郷里尾州の犬山町にも伝はつて居る。貞享四年八月二六日の事と言うて居る。幾日も雨の降り続いたあげく、木曽川の水は一刻一刻に増して来た。村人は心痛して怠なく用心して居るうちに、其日の真夜中頃対岸美濃国鵜沼の伊木山下の淵から、頻《しきり》に「やろかやろか」と大声に呼ぶ者がある。村の人は不思議に思うてぼんやりとして居るばかりであつたが其中で字井堀と云ふ処へ警戒に出て居た某と云ふ男か、恰《あた》かもエレキにでも掛けられたやうに、其やろかやろかの声につれて「いこさばいこせ」と叫んだ。すると流は急に増して来て、見る〳〵中に坂下と称する一帯の低地は水に没してしまつた。其時の記録にも「御城内にて柳の御門下より舟に乗り水の手へ往還《おうかん》、西谷は御馬場の上へ高塀の箭狭間《やざま》より曽水大波打込たり、坂下辺木津堤より往還」すと見えて居る位である。

又犬山から東南三里、池野の入鹿池の堤が明治元年に切れた時にも、「やろか〳〵」の事があつたと

老人は語り伝へて居る。(6)

右の引用文にある林魁一氏が報告した美濃太田の伝説は次のとおりである。

太田は木曽川の北岸の地で、霖雨の時には川の水が人家へ侵入することも往々ある。それ故か次のやうな伝説が行はれて居る。今から二三百年以前の事であるが、日々の雨天続きの折に、木曽川の水上で「やろか〳〵」と呼ぶ声がして、誰が呼ぶのか分からなんだ。村民の中に之に応へて「いこさばいこせ」と言ふた者があつたが、暫くして川の水が追々に増加し、終に太田町の人家に侵入する大洪水になつた。此大水を称してヤロカ水と云ふ由。(7)

愛知県と岐阜県の県境を流れる木曽川には、このようにそれぞれの地に同様の伝説が伝えられている。これらが寄稿された『郷土研究』は、日本民俗学における最初の専門誌であり、柳田国男氏と高木敏雄氏の協力編集により大正二年（一九一三）三月に創刊されたが、その一年後から大正六年三月に一時休刊するまでは柳田氏が一人で編集した。したがって、柳田氏はこの伝説を当然知ることになり、昭和五年（一九三〇）にアルスから出版された『日本昔話集上』に掲載した。その本文は次のとおりである。

むかし尾張の井堀といふ村で、秋のなかばに毎日雨ばかり降つて、木曽川の水が段々に高くなり、堤が切れるかも知れないと心配して、村の人たちが起きて水番をしてゐることがありました。或夜の真夜中頃に、川の向ひの美濃の伊木山の下の淵あたりから、頻りにやろうかぁ、やろうかぁと喚《よ》ぶ声がしました。一同は唯不思議に思ふばかりで、どうすることも出来ずに顔を見合せてゐましたが、いつ迄も其やろうかぁといふ声が止まないで、しまひには怖ろしくなつて人夫《にんぷ》の中の一人が、思はず知らず高い声で、いこさばいこせぇと言つてしまひました。さうすると忽ち大水がどつと押し寄せて、見てゐるうちに此辺の田が全部、水の下になつたといふことであります。それで今でも其時の洪水を、やろか水と謂つてをります。今から二百五十年ほど前の、貞享四年の事だといふ人がありますが、この大川の附近には、他にもさういふ話が村々にあるさうです（尾張丹羽郡）(8)。

「貞享四年」という時と「美濃の伊木山」という場所を明記し、しかも伝説の地を「尾張丹羽郡」としていることから、柳田氏が依拠したのは市橋氏の記事と考えられる。「やろか水」の伝説は、こうして学術雑誌のみならず児童書にも掲載され、広く知られるようになった。

市橋氏の記事にあった「入鹿池の堤が明治元年に切れた」ことについて、柳田氏は「この大川の附近には、他にもさういふ話が村々にあるさうです」としているが、明治元年（一八六八）の入鹿池の決壊は、地元では昭和になっても大災害として記憶され、さまざまに語り継がれていたようである。愛知県小牧中学校校友会誌『曳馬』第五号（一九三二年一二月刊）には、「入鹿切聞書」と題して生徒による聞き書きが収められている。これを指導したのは、同校国漢科教員の市橋氏であった。高木史人氏は、彼がもくろんだのは、入鹿池の「やろか水」伝説を生徒の聞き書きによる資料を通して再度世間に送り出すことだったと述べ、更に「入鹿切聞書」の広範な内容から「やろか水」伝説に関わる事例を取りあげて、詳細な分析と検討を行っている(9)。

高木氏の挙げた事例の一一話は、入鹿池の決壊という同一の災害でありながら、話としては非常にバリエーションに富んでいる。災害から六三年後であれば、まだ生き証人は健在のはずであるが、一方で噂が噂を呼ぶような状況もあったのであろう。流動的な噂も時間とともに内容が安定してくると、伝説として語り継がれることがある。「入鹿切聞書」は、噂が伝説化する初期段階を示しており、実に興味深い。

「やろか水」伝説は、昭和一二年（一九三七）に発行された『愛知県伝説集』にも収められているが、こちらでは地名を葉栗郡草井村小淵（現江南市）としている。本文は次のとおりである。

## 木曽川と人々との闘い

草井村小淵の里は木曽川に近かつた。或る年の夏。降り続く雨に河の水は刻々に増して、今にも堤が切れさうになつた。小淵の里に住む一農夫が堤防に立つた時、濁水の流れと共に「やろかー」「やろかー」と聞えて来た。そこで農夫は業を煮やして、「よこさばよこせ」と叫んだ。さあ大変、暫くして盥《たらい》を打ちあけたやうな水は一時に堤防を缺潰《けっかい》して、怖しい濁水は田畑を呑んだ。其の後この里では、「やろかの水」を警戒する様になつたといふ。(10)

天正一四年（一五八六）の洪水、いわゆる草井の吹抜けでは木曽川の主流路が大きく尾張側へ切れ込んで国境も変更するほどの大氾濫であった。それによって耕地が荒廃したため、豊臣秀吉は尾張堤普請を行った。大規模な工事であったが、完成翌年の文禄四年（一五九五）の大水のとき、里小牧（現一宮市）で決壊したという。(11)木曽川本流を固定する築堤工事は、慶長一三年（一六〇八）に本格的に開始され、同一五年に完成したが、堤防の決壊はしばしば起こったようである。杉本精宏氏によれば、寛政元年（一七八九）六月に木曽川において恐れていた事態が発生したという。杉本氏が引用した『国秘録』には次のように記されている。

寛政元巳酉六年十七日夜、木曽川大水九合五勺、十八日昼夜大水一升余、草井東猿尾（江南市草井町）、極楽寺、大野（いずれも一宮市）三ケ所新田猿尾決川トナル、光明寺堤社西ヨリ北方（一宮市）大日東迄二ケ所潰、御材木□□（不明）御国奉行長野八助、川並奉行橋田長七郎流材ニ付、御国方役人川並家捜、枇杷島九合五勺、六月八日ヨリ十九日迄十二日間昼夜大降(12)

このときの出水により堤防が決壊し、木曽川左岸流域の犬山下流部の草井村から北方村にかけての村々では新田が川になってしまったとある。尾張藩はこの出水によって危機感を強め、堤の高さをこれまでより三尺高くし、その強化工事に着手したという(13)。

「やろか水」という名称は、川上から聞こえた「やろか」という声によるものであり、その声は洪水の予兆となっているが、声の正体は明らかにされていない。木曽川の洪水による甚大な被害と、繰り返し行われる治水工事に、人々は自然の脅威を嫌というほど思い知らされていたことであろう。「やろか」という声は、人々の自然に対する恐怖心が生み出したのかもしれないが、またいつ起こるか分からない洪水へのおびえが歴史的事実と相まって「やろか水」伝説の信憑性を高めていると考えられる。

## 「白髭水《しらひげみず》」伝説

「やろか水」と同様に洪水にまつわる伝承話として「白髭水」という伝説がある。『日本伝説名彙』は、その類話として青森県、岩手県、福島県、新潟県、愛媛県の事例を挙げている。

青森県東津軽郡造道村（青森市）の事例は、寛政一〇年（一七九八）五月一日の洪水に関する伝説である。

昔、八束の長髭のある老翁が幣《ぬさ》を持って現れ、「津浪よりこん、山より水の湧なん、人もあまた失いなん」と触れ歩いていると、ほどなく大洪水で多くの人を失った。これを白髭水という。岩手県紫波郡佐比内村（現紫波町）では、大日影の滝に大蛇が棲《す》み、年を経るままに姿を隠そうとして大雨に乗じ、石巻港に流れていったといい、この水を白髭水といっている。同県東磐井郡松川村（現一関市）では、北上川が大洪水のとき、水の中から仏像が村の某の名を呼び、堂を建てて安置してくれと言ったとし、このときの洪水を白髭水という。冬のことだったので、仏像の顎のあたりが凍って白髭のようであったからと伝えている。福島県南会津郡檜枝岐村では、明治年間の大洪水のとき、川上から大きな倒木に乗った白髭の老人が鉄の斧を持って下ってきて、村の中央に残っていた橋を打ち壊していったという。新潟県古志郡東谷村栃堀（現長岡市）では、大洪水のときに白髪の老人が現れ、村人に逃げるように知らせたが、老人の言葉を信じなかった者は多く死んだという。この洪水を白髪水といい、大正一五年（一九二六）の梶尾郷の大洪水も白髪水の類であろうと伝えている。愛媛県北宇和郡旭村（現鬼北町）では、大津波のとき、白髭の老人が波頭に乗って沖のほうから漕《こ》いできたが、たちまち消え失せたといい、浦の名を船隠といっているという[14]。

　これらの事例における白髭もしくは白髪の老人とは、水界の神霊である。老人は、青森県と新潟県の事例では洪水の予告をしているが、その他では、洪水とともに人界に出現をしており、老人が洪水を引き起こしたとも読み取れる。しかし、「やろか水」では声のみで姿形が不明である。その正体が可視化されていないだけに不気味な感じがするが、やはり水界の霊的存在と見るべきであり、「やろか」という声は、直後の洪水の予言であり、警告ともいえる。

## 災害の民間伝承

洪水や地震などの自然災害に関する民間伝承では、その原因を神秘的な怪異に帰することが少なくない。「やろか水」の伝説では、誰とも分からない「やろか」という声に「よこせ」と返答としたことが洪水の原因となっている。それならば、何も返答しなければ洪水を回避することができたのであろうか。宮田登氏は、この伝説を災害の民間伝承として取りあげ、次のように述べている。

「やろか」というのは、堤防決壊の前兆であるが、人知を超える存在から、特別のメッセージがあったというわけであり、とくに「やろか」に対して「よこせ」と返答した時点が一つの分かれめになった。こうした超自然との交流が人間の方から期待されていたのだろう。大災害が襲ってくるとき、もし人間の方で、より慎重であるならば、危険を回避できるかも知れない。「やろか」という呼びかけに、うっかり軽はずみに答えると、自然の秩序が破壊してしまい大災害になると考えられたのである。(15)

人間の軽率な行為が災害をもたらすという点では、「やろか水」は「石像の血」という伝説に類似する。この伝説の代表的なものとして、柳田国男氏の「高麗島の伝説」を次に紹介する。

昔高麗島には霊験の至つてあらたかな、一体の石の地蔵菩薩がおはしました。信心深い人々の夢枕に立つて、我顔《われ》が赤くなつたらば大難の前兆と心得て、早速に遁《のが》れて命を全うせよといふ御告げがあつた。邪険の輩のみは却つて之を嘲り、戯れに絵具を以て地蔵の御顔を塗つて、驚き慌てゝ、遁げて行く者の愚かさを見て笑の種にしようとしたのであったが、前兆は尚まさしく、島は一朝に海の底に落ち沈んで、残った者の限りは悉《ことごと》く死んでしまったというのである。[16]

このような説話の淵源は中国にあり、高誘注『淮南子箋釈《えなんじせんしゃく》』によれば、『淮南子』巻第二「俶真訓」に収められる歴陽湖は、門闕《もんいき》の血を災害の前触れとし、戯れに門闕に鶏の血を塗ったために大地が陥没してできたという。[17] 同様の話は『捜神記《そうじんき》』にもあり、秦代の由拳県の伝説では、城門に犬の血を塗ったために大水となり、町は沈んで湖になったという。[18] また、同書の巣県の伝説では、亀の石像の目が赤くなるのを前触れとし、これに朱を塗ったために町が沈んで湖になったという。[19]『今昔物語集』巻第一〇第三六話「嫗毎日視卒塔婆付血語」はこれら中国の伝説の翻案である。山本節氏によれば、これに類する伝説は、右の長崎県五島列島西方の高麗島をはじめ、九州・四国など西日本を中心に分布し、静岡県浜松市、青森県今別町においても事例があるという。[20]

「石像の血」の伝説では、人知を越えた存在に畏怖し、災害の前兆に慎重な者だけが助かるが、それを侮った者たちは滅んでしまう。しかし、「やろか水」の伝説では洪水を免れた者についての言及はなく、「よこせ」と言ったがために、大変な被害を受けることになる。このように、この伝説は災害の前兆に対する軽率さを戒める教訓を含んでいるが、更に人々に洪水に対する警戒を促そうという意図もあるのではないかと考える。川上から聞こえる「やろか」という声の異常性に気づくには、ふだんからの観察が必要である。川上から異常な音がすれば、すぐに避難できる準備も必要である。洪水の多い木曽川流域の人々にとって「やろか水」の伝説は、先人からの警告ともいえよう。最近は、局地的大雨、いわゆるゲリラ豪雨による甚大な被害が各地で起こっている。河川の整備が行われるとともに、国や地方自治体は人命を最優先に確保する避難対策を講じたり、ハザードマップを作成したりしているが、それは現代だからこそ可能なことである。かってそのような役割を果たしていたのは、その土地の人々による民間伝承だったのである。

注

（1）黒板勝美編『続日本紀　後篇』（吉川弘文館、一九七九年）三六八頁。本文の送り仮名省略。
（2）佐伯有義編『六国史　巻六』（朝日新聞社、一九三〇年）一〇二頁。
（3）佐伯有義編『六国史　巻七』（朝日新聞社、一九三〇年）九三～九四頁
（4）経済雑誌社編『日本三代実録』（経済雑誌社、一八九七年）一九六頁。
（5）『犬山市史　史料編4　近世上』（犬山市、一九八七年）一三四頁。
（6）鈴木鐸「報告」『郷土研究』第四巻第九号（郷土研究社、一九一六年）四五～四六頁。
（7）林魁一「報告」『郷土研究』第四巻第五号（郷土研究社、一九一六年）五〇頁。
（8）柳田国男『日本昔話集　上』（アルス、一九三〇年）五〇～五一頁。
（9）高木史人「「やろか水」伝説後日譚―「やろか雨」噂から「入鹿切」噂に至るまでの輻輳を記録した市橋鐸とその生徒たち―」、『口承文芸研究』第三〇号（日本口承文芸学会、二〇〇七年）。
（10）愛知県教育会『愛知県伝説集』（郷土研究社、一九三七年）二四頁。
（11）林英夫編『愛知県の地名』（平凡社、一九八一年）「木曽川」。
（12）杉本精宏『尾張藩社会と木曽川』（清文堂、二〇〇九年）二六三頁。
（13）杉本精宏『尾張藩社会と木曽川』（清文堂、二〇〇九年）二六四頁。
（14）日本放送協会編『日本伝説名彙』（日本放送出版協会、一九七一年）二七六～二七七頁。
（15）宮田登『終末観の民俗学』（弘文堂、一九八七年）七～八頁。
（16）柳田国男「高麗島の伝説」『島』第一巻第一号（一誠社、一九三三年）一七～一八頁。
（17）高誘注『新刊淮南子箋釈』（報告堂、一八八五年）。
（18）竹田晃『捜神記』（平凡社、一九六四年）二五〇～二五一頁。

（19）竹田晃『捜神記』（平凡社、一九六四年）三八〇頁。
（20）山本節『異怪と境界—形態・象徴・文化— 下巻 口承資料篇』（岩田書院、二〇一一年）一〇五～一六二頁。

# おわりに

愛知県における口承文芸の調査、研究をしていると、人々の関心は総じて昔話よりも地域に根ざした伝説のほうが強いように思われる。昭和一二年（一九三七）に愛知県教育会の『愛知県伝説集』が刊行されて以来、数多くの伝説集が出版されており、書名に「昔話」、「民話」がつけられていても、収載話は伝説という本が少なくない。それらの多くが依拠している『愛知県伝説集』は、昭和七年に愛知県教育会が各地の校長会長に依頼して集めた伝説を、柳田国男氏の指導のもとに編纂したもので、資料的価値の高いものと評されている。以前、その原資料となった額田郡教員協会編『額田郡伝説集』、北設楽郡各部会編『北設楽郡伝説集』、丹羽郡教育会編『丹羽郡北部に於ける伝説』を手にしたことがある。今から九〇年ほど前に作られた謄写版の冊子を眺めていると、編集に携わった人々のご苦労がしのばれる。

私の手もとにある『愛知県伝説集』は、昭和六〇年（一九八五）ごろに名古屋の古書展で購入したものである。現在は、国立国会図書館のデジタルコレクションとして公開されているので、無料で閲覧することができるが、当時の購入金額は五千円だったと記憶している。大切に扱いつつ、研究資料としてよく利用し、『愛知県史』の口承文芸を担当したときは、この本を参考にしていくつかの伝説を簡単な解説つきで紹介した。その作業をしていると、伝説の非現実的な内容に隠された意味作用や象徴性を見いだすことができ、読み解くことが楽しかった。それ以来、伝説についてもう少し詳しく研究したいと思っていたところ、今回、「アクタ」で執筆する好機をいただくことができた。「アクタ」の関係者各位に心より感謝申し上げる。

永田典子（ながた のりこ）
愛知県岡崎市出身。中部大学人文学部日本語日本文化学科教授。研究分野は日本神話、説話文学、口承文芸。所属学会は日本民俗学会、日本昔話学会、説話・伝承学会等。社会活動として名古屋市文化財調査委員、名古屋山車行事調査委員会委員、春日井市文化財保護審議会委員を務める。『長久手町史』『新修名古屋市史』『愛知県史』の口承文芸を担当。

中部大学ブックシリーズ　Acta 34
**尾張伝説散歩**

2021年3月31日　第1刷発行
定　価　（本体800円＋税）

著　者　永田典子

発行所　中部大学
〒487-8501　愛知県春日井市松本町1200
電　話　0568-51-1111
ＦＡＸ　0568-51-1141

発　売　風媒社
〒460-0011 名古屋市中区大須1-16-29
電　話　052-218-7808
ＦＡＸ　052-218-7709

ISBN978-4-8331-4151-2